文献检索实用教程

商琦◎主编

清华大学出版社

北京

内 容 简 介

本书以文献检索技能培养为出发点和落脚点,系统讲述了文献检索的基础知识并辅以拓展知识和实践案例,重点阐述专利文献检索的基本步骤、实施过程和综合案例,所有案例均由企业真实项目改编而成,实用价值和参考价值较高。本书内容图文并茂、步骤翔实、通俗易懂,可作为高等职业院校和应用型本科院校相关专业课教材,也可作为工程技术研发、创新创业教育、社会职业培训的教材或教辅用书。

图书在版编目(CIP)数据

文献检索实用教程/商琦主编. —北京:清华大学出版社,2022.8(2025.1 重印)
ISBN 978-7-302-61310-7

Ⅰ.①文… Ⅱ.①商… Ⅲ.①信息检索－高等学校－教材 Ⅳ.①G254.9

中国版本图书馆 CIP 数据核字(2022)第 121266 号

责任编辑:聂军来
封面设计:刘 键
责任校对:袁 芳
责任印制:曹婉颖

出版发行:清华大学出版社
    网 址:https://www.tup.com.cn,https://www.wqxuetang.com
    地 址:北京清华大学学研大厦 A 座   邮 编:100084
    社 总 机:010-83470000   邮 购:010-62786544
    投稿与读者服务:010-62776969,c-service@tup.tsinghua.edu.cn
    质量反馈:010-62772015,zhiliang@tup.tsinghua.edu.cn
    课件下载:https://www.tup.com.cn,010-83470410
印 装 者:三河市龙大印装有限公司
经 销:全国新华书店
开 本:185mm×260mm   印 张:10.25   字 数:247 千字
版 次:2022 年 8 月第 1 版   印 次:2025 年 1 月第 4 次印刷
定 价:39.50 元

产品编号:096419-02

党的二十大报告指出："教育、科技、人才是全面建设社会主义现代化国家的基础性和战略性支撑。必须坚持科技是第一生产力、人才是第一资源、创新是第一动力，深入实施科教兴国战略、人才强国战略、创新驱动发展战略，开辟发展新领域新赛道，不断塑造发展新动能新优势。"提升全民数字素养与技能，是数字经济时代提升国民综合素质、促进人的全面发展的战略任务，也是以数字化转型整体驱动生产方式、生活方式和治理方式变革的关键举措。

以海量数据为特征的数字经济时代，如何获取、分析、挖掘、评价和管理目标数据，已经成为高等院校学生必须掌握的基本技能和素养，这为文献检索课程的深度普及和推广带来了新的机遇，同时也带来了新的挑战。将文献检索置于情报学的大框架之下，创新文献检索课程建设，培养学生信息检索、挖掘和分析思维，夯实数据分析和处理技能，激发创新创业潜能，已成为培养新时代复合型技能人才的时代要求。

大量调研发现，目前关于文献检索方面的教材大多侧重检索方法理论介绍，缺乏实务案例及其检索步骤的讲解，没有很好地体现出"项目驱动"或"案例驱动"的指导思想，不适合高等职业院校和应用型本科院校文献检索实务技能的培养目标；大多数教材侧重各种文献检索数据库介绍，而针对特定数据库的检索实务讲解却很少，导致文献检索技能培养的系统性、承启性和持续性较差；文献检索包括专利检索和非专利检索，而大多数教材仅涉及专利文献检索或非专利文献检索的讲解，很少涉及同时涵盖专利文献检索和非专利文献检索的讲解。

鉴于上述情况，开发一本适用于文献检索实务人才培养和培训、侧重真实项目和案例的分步讲解、同时涵盖专利文献检索和非专利文献检索内容的实用型教材，具有必要性和紧迫性！

本书定位于科技文献检索，主要包括文献检索基础知识、CNKI非专利文献检索实务和 Patentics 专利文献检索实务三大模块，具体包括文献检索基础知识、科技文献检索实务——CNKI篇、专利文献基础知识、专利检索策略、科技文献检索实务——Patentics篇、科技文献检索综合案例六章。

本书特色如下：

(1) 案例/项目驱动：每个知识点都配套相应的案例以及案例的

检索步骤和结果展示,让读者一目了然;每章都设置综合案例,把多个知识点融合在一起,可以提高读者的综合检索技能。

(2)案例真实、新颖:本书中的案例都是编者多年参与科技文献检索研究与实务工作提炼出来的,契合最新科技成果与前沿技术,案例新颖,可读性强,读者易于理解和接受。

(3)知识拓展:每章增加了若干拓展知识模块,以拓展读者的知识面,引导读者深入思考,以达触类旁通之功效。

感谢江苏高校"青蓝工程"资助;感谢苏州工业园区服务外包职业学院教学服务中心、金融科技学院、科技创新服务中心的鼎力支持;感谢索意互动(北京)信息技术有限公司产品总监兰秀娟女士参与撰写附录C;感谢苏州工业园区服务外包职业学院大数据技术专业学生季妍伶欣撰写附录A及全书统稿;感谢苏州工业园区服务外包职业学院沈涵飞老师对本书内容编排所提出的宝贵意见!

本书在撰写过程中参考并引用了大量的文献资料,绝大部分资料来源已在参考文献中列出。在此,向所引用文献资料的作者表示深深的谢意!

由于编者水平有限,书中的错误在所难免,殷切希望得到宝贵的批评与指正。

编　者

2024 年 1 月

Contents

目录

第1章

文献检索基础知识

文献检索在各行各业应用极其广泛,大到政府部门的产业决策和招商引资引智,小到企业技术创新研发、竞争对手分析研判等,背后都有文献检索作为决策支撑。在文献检索过程中,大家常会混淆一些概念。因此,在进行文献检索之前,有必要弄清楚一些基本的概念,为后续的检索实务打下坚实的理论基础。本章主要介绍文献检索的基本概念、文献类型、情报获取案例等内容。

 ## 1.1 基 本 概 念

1.1.1 信息

信息源自通信领域,是事物传输和处理的对象。信息不是事物本身,而是由事物发出的消息、指令、数据等所包含的内容。自然界和人类社会都会产生信息。

1. 信息的基本属性

信息具有普遍性和客观性、实质性和传递性、媒介性和共享性等属性。

(1) 信息的普遍性和客观性体现在信息源自事物,是事物的普遍属性,是客观存在的,可以被感知、获取、处理、存储和传递。

(2) 信息的实质性和传递性体现在事物在形态改变上的表征构成了信息的实质内容,信息依附一定的载体传递后被人们接受和利用。

(3) 信息的媒介性和共享性体现在信息是人们认识事物的媒介,通过传递可以被两个及两个以上的用户共享,共享的信息量不会受分享用户数量的影响。

2. 信息的类型和载体

信息按形成领域可分为自然信息和社会信息;按存在状态可分为瞬时信息和保留信息;按表现形式可分为文字信息、图像信息、音频信息、视频信息等。

信息的载体是信息得以保存的物质实体。信息本身不是实体,必须借助特定的载体才能表现、传递和利用。从古代的甲骨、金石、棉帛、竹简到现今的纸张、感光材料、磁性材料、半导体材料,信息载体和存储技术已经发生数次质的飞跃,为信息检索与存储提供了极大的便利。

1.1.2 知识

知识是由人们通过有目的、有区别、有选择地利用信息，按照客观规律进行认识、理解和整合后，使信息系统化而构成的。知识不同于信息，知识的形成离不开人的思维活动，知识仅存在于人类社会。

1. 知识的属性

（1）知识的意识性。知识是一种观念形态，只有通过人类的思维意识才能认识它、产生它及利用它。

（2）知识的实践性。实践是产生知识的基础，也是检验知识的标准；知识又对实践具有重要的指导作用。

（3）知识的规律性。人类从实践中获得的知识，从一定程度上揭示了事物运动过程的规律性。

（4）知识的继承性。每一次新知识的产生，既是对原有知识的继承和发展，又是对下一次新知识更新的基础和前提。

（5）知识的渗透性。不同门类的知识相互影响、相互渗透，构成了知识的网状结构。

2. 知识的类型

经济合作与发展组织（Organization for Economic Co-operation and Development，OECD）在《以知识为基础的经济》报告中，将知识分为四大类。

（1）Know What：关于"是什么"的知识，指事实类的知识。

（2）Know Why：关于"为什么"的知识，指原理和规律类的知识。

（3）Know How：关于"怎么样"的知识，指技能和能力类的知识。

（4）Know Who：关于"是谁"的知识，指人力资源类的知识。

此外，还可以根据知识能否清晰地表述和有效地转移，把知识分为显性知识（Explicit Knowledge）和隐性知识（Tacit Knowledge）。其中，显性知识是以书面文字、图表和数学公式等加以表述的知识，是容易被人类直接获取到的知识；隐性知识是人类在大量实践中领悟的经验、技能技巧、心得体会以及对待事物的观点和评论等知识。

1.1.3 情报

情报是人类在一定时间内为了特定目的而传递的有使用价值的知识或信息。与情报相关的活动是普遍存在的社会现象，人类在物质生产和知识生产的实践活动中，源源不断地创造和利用各种各样的情报。

 案例 1-1

日本人如何通过情报分析获得大庆油田的秘密？

20 世纪 60 年代，中国大庆油田的位置、规模和生产能力是严格保密的，日本为了与中国做成炼油设备的交易，迫切需要掌握大庆油田的相关情报。为此，日本相关机构从中国公开的刊物中收集了大量信息，并对其进行定性和定量分析，从而准确得出大庆油田的位置、规模和生产能力的情报。

日本情报机构根据 1964 年《人民日报》刊发的《大庆精神大庆人》的报道,判断出中国的大庆油田确有其事。以此为线索,在 1966 年《中国画报》上又看到王进喜站在钻机旁的照片(图 1-1)。日方根据王进喜的衣着确定,只有在 46°N 至 48°N 的区域内冬季才有可能穿这样的衣服,因此大庆油田可能在冬季为 −30℃ 的齐齐哈尔与哈尔滨之间的东北北部地区。之后,来中国的日本人坐火车时发现,来往的油罐车上有很厚的一层土,从土的颜色和厚度得出了"大庆油田在东北三省偏北"的结论。

图 1-1 《中国画报》上王进喜站在钻机旁

1966 年 10 月,日方又对《人民中国》发表的王进喜事迹介绍进行分析,获知"最早钻井是在北安附近着手的",并从人拉肩扛钻井设备的运输情况中判断:井场离火车站不会太远;在王进喜事迹报道中有这样一段话:"王进喜一到马家窑看到大片荒野说:'好大的油海!我们要把石油工业落后的帽子丢到太平洋去。'"于是,日方从地图上查到:"马家窑是位于黑龙江海伦县东南的一个村子,在北安铁路上一个小车站东边十多千米处。"经过对大量有关信息严格的定性与定量分析,日方终于得出大庆油田位置的准确情报。

为了弄清楚大庆油田的规模,日方对王进喜事迹做进一步分析。报道说:"王进喜是玉门油矿的工人,是 1959 年到北京参加国庆之后志愿去大庆的。"日方由此断定:大庆油田在1959 年以前就开钻了。对于大庆油田的规模,日方分析后认为:马家窑是大庆油田的北端,即北起海伦(今海伦市)的庆安,西南穿过哈尔滨与齐齐哈尔之间的安达附近,包括公主岭西南的大赉,南北四百千米的范围。估计从东北北部到松辽油田统称为"大庆"。

为了弄清楚大庆炼油厂的生产能力,日方从《中国画报》上找到了一张炼油厂反应塔照片,从反应塔上的扶手栏杆(一般为一米多)与塔的相对比例推知塔直径约 5 米,从而计算出大庆炼油厂年生产原油能力约为 100 万吨,而在 1966 年大庆已有 820 口井出油,年产360 万吨,估计到 1971 年大庆年产量可增至 1200 万吨。

通过对大庆油田位置、规模和加工能力的情报分析后,日方推断:中国近几年中必然会出现炼油设备不足等状况,购买日本轻油裂解设备是完全可能的,而且所要买的设备规模和数量要满足每天炼油一万吨需要。

在对所获信息进行剖析和处理之后,根据中国当时的技术水准和能力及中国对石油的需求,三菱重工做出了中国必定要大量引进采油以及炼油设备的判断。三菱立即集中相关专家和技术人员,设计出了适合中国大庆油田使用的设备,并做好充分的夺标准备。果然不久以后,中国政府向国际市场寻求石油开采设备,三菱重工便以最快的速度设计出最符合中国需求的设备,在激烈的国际竞争中一举中标。

资料来源:百度文库.日本人是如何得到大庆油田的情报[EB/OL].(2021-07-06)[2021-09-15]. https://wenku.baidu.com/view/57104cc64973f242336c1eb91a37f111f0850d0a.html.

 案例 1-2

石家庄第三印染厂通过情报分析降低技术转让费用

1982 年,石家庄市第三印染厂准备与德国卡佛公司以补偿贸易形式进行为期15年的合作生产,双方约定由德方提供黏合衬布的生产工艺和关键设备,而该生产工艺和关键设备包含了大量专利。首轮谈判时,德方要求我方支付专利转让费、商标使用费等合计 240 万马克。会后,我方立即展开对相关专利情报的调查,发现涉及关键技术"双点涂料工艺"的多个专利将于 1989 年到期失效。于是,在第二轮谈判过程中,我方摆出这些证据,要求降低专利转让费用。最终,德方同意将技术转让费用降至 130 万马克。

资料来源:百度文库.商务谈判实务[EB/OL].(2020-02-15)[2021-09-15].https://wenku.baidu.com/view/6a240b50541810a6f524ccbff121dd36a32dc4b5.html.

1.1.4 文献

文献是记录知识的载体,知识必须通过载体进行存储和传递。

1. 文献的构成要素

文献有三个基本要素:构成文献内核的知识信息、负载知识信息的物质载体、记录知识信息的符号和技术。

2. 文献的基本属性

(1)文献的知识性:知识性是文献的本质属性,离开知识信息,文献就不存在了。

(2)文献的传递性:文献能够突破时空限制,将人类已有的知识进行传递,使人类的知识得以继承和发展。

(3)文献的动态性:文献的知识信息和载体形式是不断运动和变化的,不是静止不变的。

综上所述,信息是生产知识的原料,知识是被人类系统化后的信息,文献是存储、传递知识信息的载体。

 ## 1.2 文献的类型及中图法

1.2.1 文献的类型

1. 按照载体材料划分

按照载体材料的不同,可以将文献分为印刷型文献、缩微型文献、声像型文献和电子型文献。

（1）印刷型文献以纸质材料为载体,采用印刷术将文字、图像记录并存储在纸张上。印刷型文献既是传统的文献类型,也是现代文献的主要类型之一。印刷型文献的特点是便于阅读和流通,但文献信息的加工利用效率较低。

文献类型.mp4

（2）缩微型文献以感光材料为载体,采用光学缩微技术将文字、图像记录并存储在感光材料上。感光材料包括缩微平片、缩微胶卷、缩微卡片等。缩微型文献的特点是体积小、重量轻、便于收藏,但必须借助缩微阅读器才能阅读,设备投资较大。

（3）声像型文献以磁性材料或光学材料为载体,采用磁录技术和光录技术将文字、声音、图像记录并存储在磁性材料或光学材料上。磁性材料包括录像带、软盘、硬盘等,光学材料包括幻灯片等。声像型文献的特点是信息存储密度大,但必须借助一定的设备才能阅读。

（4）电子型文献以互联网为载体,利用互联网中的各种数据库或平台读取信息。电子型文献的特点是信息存储密度大、读取速度快、易于远程传递,容易受到网络窃取、监听或篡改。

2. 按照撰写文体划分

按照撰写文体的不同,可以将文献分为著作、学术论文、专利、会议、科技报告和技术标准。

（1）著作是作者在收集、整理信息的基础上,对所研究的内容进行全面的归纳、总结、深化的成果。著作具有全面性、系统性,理论性强、技术成熟可靠等特点,一般以图书形式出版发行。著作一般包括学术专著、教科书、技术书、工具书等。

（2）学术论文是指作者为发表其学术观点或研究成果而撰写的论述性文章。学术论文内容一般是某一学术主题在理论性、实践性或预测性上的新研究成果或独创见解,或是某种已知原理应用于实践中取得新进展的科学总结,向使用者提供有所发现、有所创新的知识信息。

（3）专利是指申请人向专利主管部门提交的相关发明创造的详细技术或外观设计文案。据世界知识产权组织统计,全球每年科技创新成果信息的 90%～95% 都会出现在专利文献中。由此可以看出,专利文献是研究科技创新成果的一个重要入口。利用全球专利文献,可以获得诸如科技创新态势、技术发展趋势、竞争对手状况、科技研发团队、技术演化路径等情报,为政府、产业、行业、企业、个人提供参考。

（4）会议是指学术会议上所交流的论文、报告及相关文献。会议一般是围绕某一学术主题或专业领域的新成果和新焦点进行交流探讨,学术性较强,反映了全球该专业领域的最新研究水平和进展。会议的形式主要是会议集,有时也以期刊专辑的形式公开出版。

（5）科技报告是记载某技术进展、取得成果、评价结果的一种文体,反映了战略性新兴产业或前瞻性产业的最新研究成果,代表一个国家的科技发展水平。全球科技报告中,以美国的四大科技报告最为著名,即 AD 报告(军用工程)、PB 报告(民用工程)、DOE 报告(能源工程)、NASA(航空航天工程)。

（6）技术标准是对产品或工程建设各方面做出的技术规定,是进行研究和创造的共同依据。技术标准具有计划性、协调性、法律约束性,可促使一定范围内的产品规格化、系列化和通用化,对提高生产水平和质量、节约研发成本、促进技术转移转化等有着十分重要的作用。

按照使用范围,技术标准可以划分为国际标准、区域标准、国家标准和行业标准等;按照内容,技术标准可以划分为基础标准、产品标准、工艺及工艺装备标准和方法标准等。

大家如果对上述各类文献感兴趣,可以登录中国知网,如图1-2所示,勾选不同类型的文献进行检索,以查阅文献的详细信息。

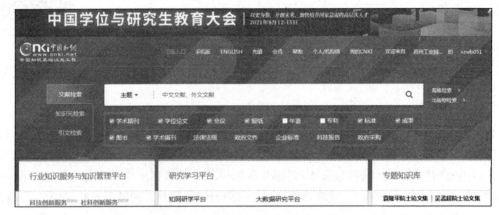

图 1-2　通过中国知网查阅各类文献

3. 按照加工程度划分

按照加工程度,文献可以划分为零次文献、一次文献、二次文献、三次文献和高次文献。

(1)零次文献是指未以公开形式进入社会流通使用的实验记录、会议记录、内部档案、论文草稿、设计草稿等,具有内容新颖、尚未成熟、尚未定型等特点,因未公开而难以获取。

(2)一次文献是指以作者本人的研究为依据撰写的,并且已经公开发行进入社会流通使用的专著、学术论文、专利、会议报告、科技报告等。一次文献是创造性劳动的结晶,具有创造性的特点,有直接参考、借鉴和使用的价值。因此,一次文献是科技文献检索和分析的主要对象。

(3)二次文献是指将大量、分散、无序的一次文献收集起来,按照一定的方法进行整理、加工,使其系统化而形成的各种目录、索引和文摘,或各种文献数据库。由此可见,二次文献仅仅是对一次文献进行系统化和压缩,并未产生新的知识信息,具有汇集性、检索性等特点。二次文献相当于打开一次文献知识宝库的金钥匙,通过二次文献检索入口,就可以检索到目标文献,节省了大量查找一次文献的时间。

(4)三次文献是指根据一定的目的和需求,在一次文献和二次文献的基础上,对有关知识信息进行综合、分析、提炼、重组而生成的再生信息资源。各种教科书、技术书、工具书、综述等都属于三次文献。三次文献具有综合性高、针对性强、系统性好、知识信息面广等特点,有较高的利用价值。

(5)高次文献是指在一次、二次、三次文献的知识信息进行综合、分析、提炼、重组的基础上,加入作者的知识和智慧,使原有知识信息增值,生成比原有知识品位更高的知识信息新产品,如专题评述、可行性分析报告、专利检索报告等,具有参考性强、实用价值高等特点。

如图1-3所示,从零次文献到一次文献、二次文献、三次文献、高次文献,是一个从不成熟到成熟、从无序到有序、从分散到集中、从广度到深度、对知识信息进行不同层次加工的过程。零次文献虽然没有公开,但它为一次文献的生成提供了原始素材、思路和灵感。一次文献是社会公众能够获取到的最主要的信息资源,是检索和利用的主要对象。二次文献是在对一次文献进行加工和有序化后生成的,是检索的重要工具和入口。三次文献是在对二次文献进行分析、提炼和重组的基础上浓缩而成的,是考察数据信息和事实信息的主要来源。高次文献是对已有知识信息进行整理、分析和评价的成果,文献的集中度和价值度都是最高的。

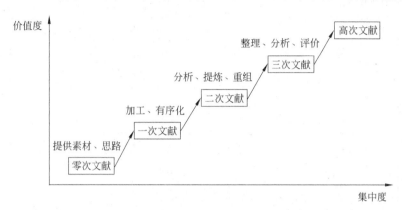

图 1-3 各类次文献的特点及相互关联

1.2.2 中国图书馆分类法

分类法主要用于表达文献的内容特征,并按照学科性质进行分类和系统排列。分类法产生得最早、用得最多的是图书分类法,图书分类法中用得最多的是中国图书馆分类法。

中图法概述.mp4

中国图书馆分类法,是我国 1949 年后编制出版的一部具有代表性的大型综合性分类法,是当今国内图书馆使用最广泛的分类法体系,简称"中图法"。中图法初版于 1975 年出版,到 1999 年出版了第四版。修订后的中图法增加了分类资料的类目,并与分类图书的类目以"+"标识进行了区分,因此正式改名为"中国图书馆分类法"。修订后的中图法全面补充新主题、扩充类目体系,使分类法跟上科学技术发展的步伐。同时规范类目,完善参照系统、注释系统,调整类目体系,增修复分表,明显加强类目的扩容性和分类的准确性。

中国图书馆分类法网站可以在网上搜索"中图分类号"查到,如图 1-4 所示。新版中图法采用五分法,即分为 5 个基本部类,在各基本部类下再展开形成 22 个大类,除工业技术类外,其余各大类均用 1 个英文大写字母表示一级类目名,并以字母的顺序反映大类的顺序。根据不同学科的需要,各大类再分二级子类目、三级子类目、四级子类目、五级子类目,以此类推,各子类目用数字表示。

中国图书馆分类法的部类、部类下的大类、二级子类目、三级子类目、四级子类目如表 1-1~表 1-5 所示。

表 1-1 中国图书馆分类法的部类

名　称	马列主义、毛泽东思想	哲学、宗教	社会科学	自然科学	综合性图书
分类号	A	B	CDEFGHIJK	NOPQRSTUVX	Z

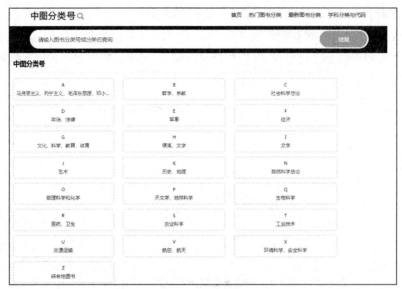

图 1-4 中国图书馆分类法的查询网址

表 1-2 中国图书馆分类法的部类下的大类

分类号	名 称	分类号	名 称
A	马列主义、毛泽东思想	N	自然科学总论
B	哲学、宗教	O	数理科学和化学
C	社会科学总论	P	天文学、地球科学
D	政治、法律	Q	生物科学
E	军事	R	医药、卫生
F	经济	S	农业科学
G	文化、科学、教育、体育	T	工业技术
H	语言、文学	U	交通运输
I	文学	V	航空、航天
J	艺术	X	环境科学
K	历史、地理	Z	综合性图书

表 1-3 中国图书馆分类法的 T 大类的二级子类

分类号	名 称	分类号	名 称
TB	一般工业技术	TL	原子能技术
TD	矿业工程	TM	电工技术
TE	石油、天然气工业	TN	无线电电子学、电信技术
TF	冶金工业	TP	自动技术、计算机技术
TG	金属学与金融工艺	TQ	化工工业
TH	机械、仪表工业	TS	轻工业、手工业
TJ	武器工业	TU	建筑科学
TK	能源与动力工程	TV	水利工程

表 1-4 中国图书馆分类法的 TP 类的三级子类

分类号	名 称	分类号	名 称
TP1	自动化基础理论	TP6	射流技术(流控技术)
TP2	自动化技术及设备	TP7	遥感技术
TP3	计算技术、计算机技术	TP8	运动技术

表 1-5 中国图书馆分类法的 TP3 类的四级子类

分类号	名 称	分类号	名 称
TP30	一般性问题	TP35	混合电子计算机
TP31	计算机软件	TP36	微型计算机
TP32	一般计数器和计算机	TP37	多媒体技术与多媒体计算机
TP33	电子数字计算机	TP38	其他计算机
TP34	电子模拟计算机	TP39	计算机应用

以 TP311.1 为例,说明中国图书馆分类法的分类体系。

(1) T:一级大类,大类名称为"工业技术"。

(2) TP:二级子类,子类名称为"自动技术、计算机技术"。

(3) TP3:三级子类,子类名称为"计算技术、计算机技术"。

(4) TP31:四级子类,子类名称为"计算机软件"。

(5) TP311:五级子类,子类名称为"程序设计、软件工程"。

(6) TP311.1:六级子类,子类名称为"程序设计"。

查询中图分类号的
各类目名称.mp4

1.3 情 报 检 索

1.3.1 情报检索概念

情报检索起源于文献检索,早期的情报检索就是指文献检索,是指从信息集合中找到所需信息的过程。随着现代科学技术的进步,特别是以计算机为中心的新技术在图书情报工作中的应用,使情报检索已发展成为计算机信息处理的分支学科。

情报检索类型不仅包括文献检索,还包括数据检索、事实检索等,但文献检索仍然是最基本、最重要的情报检索。

情报检索的技术手段有手工检索和计算机检索两种。手工检索是指使用印刷型检索工具进行的情报检索的技术手段;计算机检索主要指使用计算机进行的情报检索的技术手段。

注意:本书所述的情报检索,均表示文献检索,特殊说明的除外。

1.3.2 文献检索原理

文献检索包括文献的存储和查询两部分。而文献检索的原理,就是在存储过程中,对每一篇文献进行标引、著录,并赋予特定的标识(如分类号、关键词等),并将该标识集中组织起来，成为有规律的检索系统(即检索工具)；检索者在查找所需要的文献时，将待检索文献的特定标识与系统所存储的特定标识进行比较，并将与系统所存储的特定标识一致的线索从检索系统中检出，检出的部分就是检索结果。

而著录是对文献的描述，即按特定的著录条例，用文字把文献的特征，如文献篇名、作者姓名、研究主题、学科属性、内容提要、文献出处等表示出来，使检索者通过阅读文献的著录项，就可以对文献有概括性的了解，从而提升文献检索效率。

1.3.3 查全率和查准率

查全率和查准率是衡量文献检索效果的两个非常重要的指标。

查全，就是期望检索结果尽可能全面，不把本该检索到的文献漏检；查准，就是期望检索结果尽可能准确，不把与检索内容无关的噪声引入检索结果。

查全率(即召回率)是衡量某个检索系统从文献集合中检出相关文献成功度的一项指标，即检出的相关文献量与检索系统中相关文献总量的百分比，即

查全率和查准率.mp4

$$查全率 = \frac{检索出的相关信息量}{系统中的相关信息总量} \times 100\%$$

查准率(即精度)是衡量某个检索系统的信号噪声比的一种指标，即检出的相关文献量与检出的文献总量的百分比，即

$$查准率 = \frac{检索出的相关信息量}{检索出的信息总量} \times 100\%$$

如果每次检索都要求查全率和查准率达到100%，不仅不现实，也是不可能的。因此，在文献检索实务中，受时间、精力、成本等诸多因素影响，检索之前应当确定项目可接受的查全率和查准率范围。例如，在做专利文献的防侵权检索时，应当更加注重对目标国家或地区专利文献的查全率指标，尽量不遗漏可能发生潜在侵权风险的专利文献；在做专利查新或无效检索时，若在检索过程中已经找到多篇能影响目标专利新颖性的专利文献时，就可以不再继续检索，当然也就不必纠结查全率了。

课后习题

(1) 简述信息、知识、情报、文献的区别与联系。

(2) 文献按照加工程度不同，可以划分为哪些文献？

(3) 参考本章案例 1-1 和案例 1-2，请在互联网上搜索一个与"情报挖掘"相关的案例，并结合该案例说明情报挖掘的价值和意义。

(4) 小王撰写了"宏观经济管理"相关主题的期刊论文，请写出该主题对应的中图法分类号。

(5) 简述衡量文献检索全面性和准确性的重要指标。

第 2 章

科技文献检索实务——CNKI篇

CNKI 是中国高校和科研院所常用的知识情报数据库之一,在国内文献收录方面具有很强的竞争优势。本章将以 CNKI 数据库为例,详细阐述 CNKI 在科技文献检索方面的具体应用,包括 CNKI 概述,CNKI 检索方式和检索方法,CNKI 检索项目案例等。

2.1 CNKI 概述

国家知识基础设施(National Knowledge Infrastructure,NKI)的概念在世界银行《1998 年度世界发展报告》提出。1999 年 3 月,以全面打通知识生产、传播、扩散与利用各环节信息通道,打造支持全国各行业知识创新、学习和应用的交流合作平台为总目标,中国知识基础设施工程(China National Knowledge Infrastructure,CNKI)建设被提上议程,并被列为清华大学重点项目。

CNKI 自创建以来,历经多次改版升级,2020 年 8 月发布的 CNKI 全球学术快报 2.0 版(以下简称"新版知网"),新版首页如图 2-1 所示。为了保持延续性,新版首页上留有旧版入口。

图 2-1 CNKI 新版首页

新版知网首页主要划分为检索区、行业知识服务与知识管理平台区、研究学习平台区、专题知识库区、出版平台 & 评价区五大部分。检索区提供文献检索、知识元检索、引文检索三种检索类型。

（1）文献检索可以对中文文献和外文文献进行合并检索和统一排序，提供检索的文献类别包括学术期刊、学位论文、会议、报纸、年鉴、专利、标准、图书等信息。

（2）知识元检索可以对知识问答、百科、词典、手册、工具书、统计数据、概念等信息进行检索。

（3）引文检索可以对被引文献、被引作者、被引来源、被引基金、被引学科、被引量（他引量和自引量）等信息进行检索。

2.2 CNKI检索方式和检索方法

常见的CNKI检索方式有五种：普通检索、高级检索、专业检索、作者发文检索和句子检索。下面将详细讲述各检索方式及其检索方法。

1. 普通检索

在图2-1检索区的检索框中输入检索词，单击输入框右侧的普通检索图标 Q，就可以看到检索结果。例如，选择图2-1中检索区的"主题"字段，并在检索框中输入

**CNKI普通
检索.mp4**

"大数据技术"，单击 Q，就可以看到如图2-2所示的普通检索结果页面，一共检索到29 249篇主题为"大数据技术"的文献。通过单击"中文"或"外文"链接，可以在检索结果中筛选出相应的中文或外文文献；也可以通过单击"学术期刊""学位论文""会议""报纸""图书"等在检索结果中筛选出相应类别的文献。例如，单击"中文链接"和"学术期刊"，就可以在检索结果中筛选出所有的中文学术期刊。

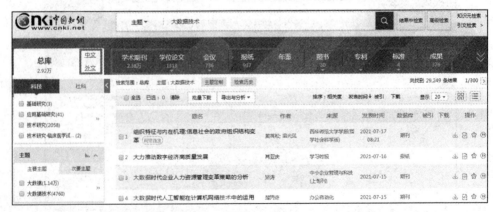

图 2-2　CNKI普通检索页面的"主题"字段检索结果示例

普通检索中，除了按照"主题"字段进行检索以外，还可以选择按照"篇关摘""关键词""篇名""全文""作者""第一作者""通讯作者""作者单位""基金""摘要""小标题""参考文献""分类号""文献来源"等字段进行检索。例如，图2-3显示了所有以"苏州工业园区服务外包

职业学院"为"作者单位"的中文文献,首先在检索字段处选择"作者单位",然后在检索框中输入"苏州工业园区服务外包职业学院",单击检索框右侧的普通检索图标 🔍 进行检索,最后选择"中文"筛选出检索结果中的所有中文文献。

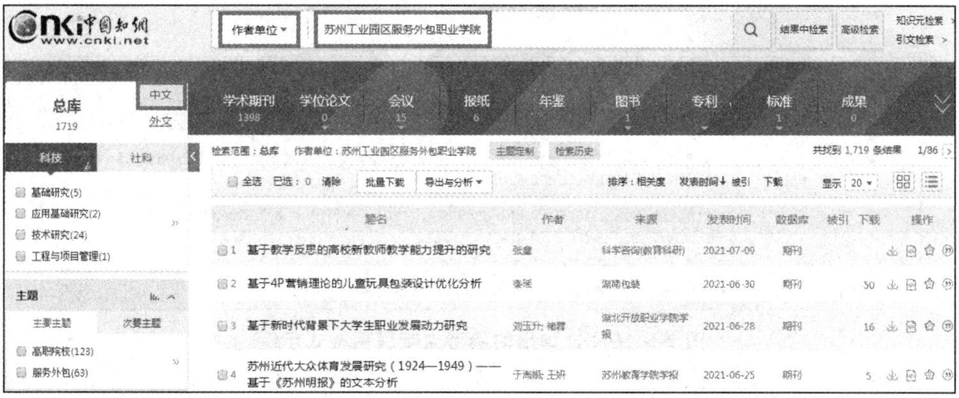

图 2-3　CNKI 普通检索页面的"作者单位"字段检索结果示例

检索结果默认按照"发表时间降序"排序,发表时间越晚,排序越靠前。除了按照"发表时间降序"排序以外,还可以按照"发表时间降序""被引量升序""被引量降序""下载量升序""下载量降序"等方式排序。若当前按照"发表时间降序"排序,那么再次单击"发表时间",就能实现"发表时间降序"排序,以此类推。图 2-4 是在图 2-3 基础上按照"被引量降序"排序后的检索结果页面。

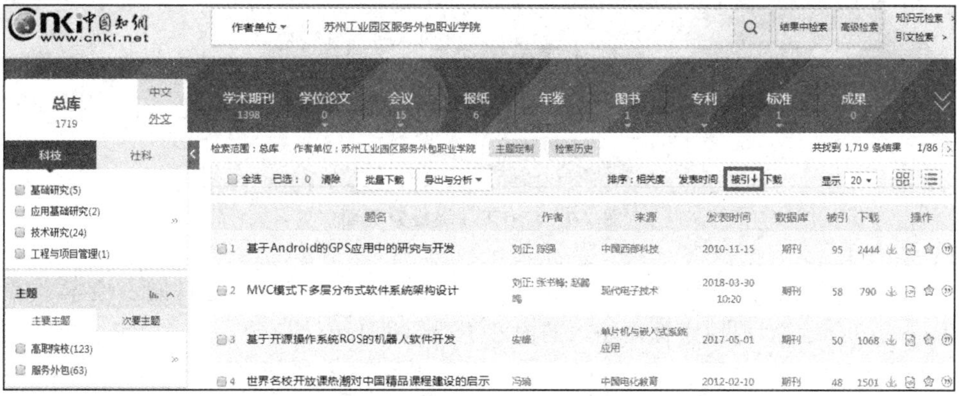

图 2-4　CNKI 检索结果按"被引量降序"排序示例

📖 小知识 2-1

很多学生在撰写毕业论文时,列出的参考文献的格式可谓五花八门。在我国,参考文献的撰写格式应当符合中华人民共和国国家标准《信息与文献 参考文献著录规则》(GB/T 7714—2015)规定的具体要求,不能随意撰写。新版知网提供了快速获取参考文献引用格式的方法,只需单击图 2-5 中的"引用"图标 ⏎⏎ ,就能获取到如图 2-6 所示的参考文献引用格式。

获取文献引用
格式.mp4

图 2-5　CNKI 参考文献"引用"功能示例

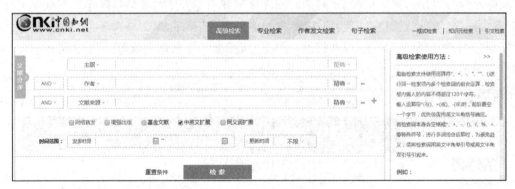

图 2-6　CNKI 弹出的参考文献引用格式示例

2. 高级检索

单击图 2-1 中的"高级检索"按钮,就可以切换到如图 2-7 所示的高级检索页面。与普通检索相比,高级检索支持多字段联合检索。

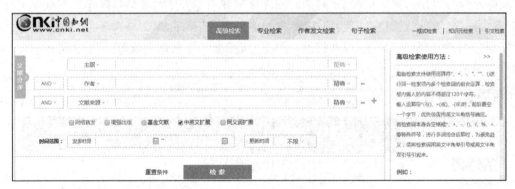

图 2-7　CNKI 高级检索页面

(1) 高级检索支持使用运算符 *(与)、+(或)、-(非)、"、""、()进行同一检索字段的多个检索词的组合运算,但检索框内输入的内容不得超过 120 个字符。

(2) 输入运算符 *、+、-时,前后要空一个字节,优先级需用英文半角括号确定。

(3) 若检索词本身含空格或 *、+、-、()、/、%、=等特殊符号,进行多检索词组合运算时,为避免歧义,须将检索词用英文半角单引号或英文半角双引号引起来。例如:

① 检索字段"篇名"后输入:神经网络 * 自然语言,可以检索到篇名包含"神经网络"和"自然语言"的文献。

② 检索字段"篇名"后输入:'digital library' * 'information service',可以检索到篇名包含"digital library"和"information service"的文献。

③ 检索字段"篇名"后输入:'2+3' * 人才培养,可以检索到篇名包含"2+3"和"人才培养"的文献。

④ 检索字段"主题"后输入:(锻造 + 自由锻) * 裂纹,可以检索到主题为"锻造"或"自

由锻",且包含"裂纹"的文献。

 案例 2-1

检索《信息通信技术与政策》期刊在 2015-07-01 至 2021-07-01 期间发表的名称中包含"人工智能、创新、态势"等检索词的所有文献。

检索《信息通信技术与政策》期刊在 2015-07-01 至 2021-07-01 期间发表的名称中包含"人工智能、创新、态势"或"人工智能、发展、态势"等检索词的所有文献。

检索步骤如下。

（1）切换至"高级检索"页面。

（2）在检索字段"篇名"后输入"人工智能 ＊（创新 ＋ 发展）＊ 态势"。

（3）在检索字段"文献来源"后输入"信息通信技术与政策"。

（4）在检索字段"篇名"和"文献来源"之间的布尔逻辑算符选择"AND"，如图 2-8 所示。

图 2-8　CNKI 高级检索页面的"篇名""文献来源""时间范围"等字段检索示例

（5）在检索字段"发表时间"后依次输入 2015-07-01、2021-07-01，如图 2-8 所示。

注意：若要增加检索字段，可以单击检索字段行最后的"＋"；若要减少不必要的检索字段，可以单击不必要的检索字段行最后的"－"。

 案例 2-2

检索关键词包含"边缘计算"或"云计算"或"雾计算"等的信息科技大类中的与信息技术相关的学术期刊，并将检索结果按照被引量降序显示。

检索步骤如下。

（1）切换至"高级检索"页面。

（2）在检索字段"关键词"后输入：边缘计算 ＋ 云计算 ＋ 雾计算。

（3）在检索字段"文献分类"中，勾选"信息科技"大类中的"无线电电子学""电信技术""计算机硬件技术""计算机软件及计算机应用""互联网技术""自动化技术"等选项，如图 2-9 所示。

（4）单击"检索"按钮，获得 43 977 条检索结果，检索日期：2021-07-30。

（5）单击"学术期刊"在检索结果中筛选出所有的学术期刊，获得 34 079 条筛选结果；单击"被引"按钮，检索结果便以被引量降序显示，如图 2-10 所示。

3. 专业检索

图 2-11 是专业检索的页面，检索者在检索框中输入专业检索式才可获取检索结果。

图 2-9　CNKI 高级检索页面的"关键词""文献分类"等字段检索示例

图 2-10　CNKI 高级检索结果按"学术期刊"筛选、"被引"降序结果示例

图 2-11　CNKI 专业检索页面

新版知网提供的可检索字段为：SU＝主题，TKA＝篇关摘，KY＝关键词，TI＝篇名，FT＝全文，AU＝作者，FI＝第一作者，RP＝通讯作者，AF＝作者单位，FU＝基金，AB＝摘要，CO＝小标题，RF＝参考文献，CLC＝分类号，LY＝文献来源，DOI＝DOI，CF＝被引频次。例如：

（1）TI＝'生态' AND KY＝'生态文明' AND（AU ％ '陈'＋'王'），可以检索到篇名包括"生态"并且关键词包括"生态文明"并且作者为"陈"姓或"王"姓的文献。

注意：字段中的检索词可以加单引号，也可以不加，下文将不再区分。

（2）SU='北京' * '奥运' and FT='环境保护'，可以检索到主题包括"北京"和"奥运"，并且全文中包括"环境保护"的文献。

（3）SU=（'经济发展'＋'可持续发展'）* '转变'－'泡沫'，可以检索主题包括"经济发展"或"可持续发展"中有关"转变"的文献，并且剔除了与"泡沫"有关的文献。

案例 2-3

检索篇名中包含"卷积神经网络"或"深度神经网络"，且主题包含"表情"或"情感"，但不含"人脸"的所有文献。

检索步骤如下。

（1）切换至"专业检索"界面。

（2）构建篇名字段检索式：TI=（'卷积神经网络' ＋ 'CNN' ＋ '深度神经网络' ＋ 'DNN'）。

（3）构建主题字段检索式：SU=（（'表情' ＋ '情感'）－ '人脸'）。

（4）合并检索式：TI=（'卷积神经网络' ＋ 'CNN' ＋ '深度神经网络' ＋ 'DNN'）AND SU=（（'表情' ＋ '情感'）－ '人脸'），如图 2-12 所示。

图 2-12　CNKI 专业检索的"篇名""主题"字段检索结果示例

（5）单击"检索"按钮，检索到 643 篇文献，检索日期为 2021-07-30。

注意：在步骤（2）中，对"卷积神经网络"的英文缩写"CNN""深度神经网络"的英文缩写"DNN"等检索词扩展到检索式中，以尽可能地满足检索全面性。此外，如步骤（4）所示，两个或两个以上的字段检索式的合并，应当使用"AND""OR""NOT"等逻辑算符（不区分大小写）；但在同一个字段检索式内部的检索词的连接，应当使用＋、＊、－等逻辑算符。

4. 作者发文检索

图 2-13 是作者发文检索的页面。可以看出，作者发文检索是高级检索的一种特定检索方式，只要把"高级检索"页面中的检索文字设为"作者"和"作者单位"，就切换至"作者发文检索"页面了。

 **小知识 2-2**

很多高校、科研院所会定期检索并分析单位内的科研人员论文发表情况，为了满足这类特定检索需求，新版知网专门将作者发文检索功能单独列出。在使用作者发文检索功能时，可以将"作者"字段和"作者单位"字段联合检索，因为作者同名现象还是比较常见的，仅靠

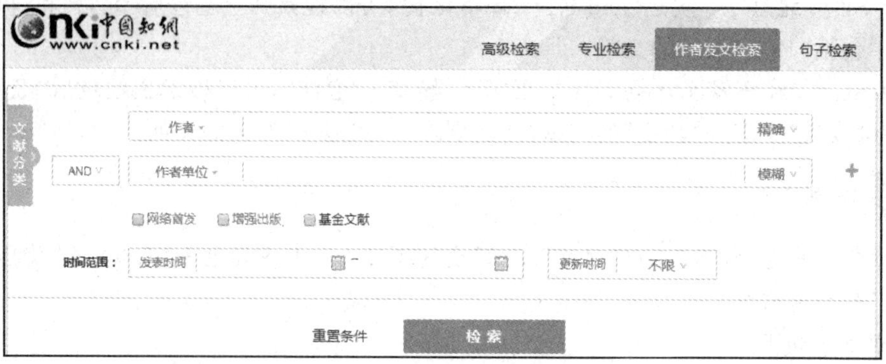

图 2-13　CNKI 作者发文检索页面

"作者"字段检索将引入太多噪声,一旦将"作者单位"字段进一步限定,噪声将降低到最小。若同一单位中有作者同名现象,那么还需要利用其他检索字段进行更进一步的限定。

案例 2-4

检索苏州工业园区服务外包职业学院的教职工商琦发表的所有文献。

检索步骤如下。

(1) 切换至"作者发文检索"界面。

(2) 在检索字段"作者"后输入:商琦 + 'shang qi' + 'qi shang'。

(3) 在检索字段"作者单位"后输入:苏州工业园区服务外包职业学院 + 'Suzhou Industrial Park Institute of Services Outsourcing'。

(4) 单击"检索"按钮,检索到 12 篇文献,检索日期为 2021-07-30。

注意:步骤(2)中的"shang qi"和"qi shang",主要是考虑到外文文献中关于作者的姓、名的写法差异,使得检索结果能够覆盖到姓名的不同写法。

5. 句子检索

图 2-14 是句子检索的页面。通过输入两个检索词,可以检索到同时包含这两个检索词的句子或段落,从而找到有关问题的答案。换句话说,若要检索同一句子或段落中包括特定检索词的文献,句子检索是最合适的。

新版知网提供的句子检索字段如下。

(1) 同一句:包含 1 个断句标点(句号、问号、感叹号或省略号)。

(2) 同一段:包括最多 20 句。

案例 2-5

检索同一句中包含"卷积"和"层数"的所有句子及其所在文献。检索步骤如下。

(1) 选择"同一句"检索字段。

(2) 构建"同一句"检索字段后的检索词,依次为"卷积""层数"。

检索结果如图 2-15 所示,检索日期为 2021-07-15。

每条检索结果都包括句子、句子所在文献链接、作者信息、文献来源、发表时间等信息,新版知网默认以发表时间降序排序。若要查看句子所在的文献,可以直接单击"句子来自"

图2-14　CNKI句子检索页面

图2-15　CNKI句子检索页面的"同一句"字段检索结果示例

之后的文献链接。

 ## 2.3　CNKI检索实务

2.3.1　CNKI实践项目一

一、项目需求

小王马上要进行毕业设计选题和撰写,指导老师给了一些选题方向。小王结合自身技术特长,打算撰写一篇关于网络爬虫技术的应用性分析的论文。请帮助小王在中国知网检索2017年以来的硕士学位论文,并将检索结果以被引量降序排序,以对其毕业设计选题和撰写提供参考和借鉴。

二、检索步骤

1. 分析项目需求,确定检索词

从项目需求描述可知,小王打算在"网络爬虫技术应用"领域撰写毕业设计。因此,检索词应当包括"网络"和"爬虫"。

2. 检索词扩展

为了尽可能实现全面检索,应当对检索词进行扩展,扩展后的检索词包括:"网络""网页""网站""爬虫""爬取""Spider"等。

3. 构建检索式

构建检索式包括确定检索方式、确定检索字段和编辑检索式三部分。

(1) 确定检索方式:由于普通检索不支持检索词连接算符,也不支持多字段联合检索,因此,选择"高级检索"或"专业检索"等检索方式,本案例选择"高级检索"作为示例。

(2) 确定检索字段:毕业设计的篇名对设计内容做了高度概括,一般都会包含设计过程所涉及的关键技术或关键方法,因此,本案例选择"篇名"作为检索字段。

(3) 编辑检索式:在检索字段"篇名"后,输入(网络 ＋ 网页 ＋ 网站) ＊ (爬虫 ＋ 爬取 ＋ Spider),如图 2-16 所示。

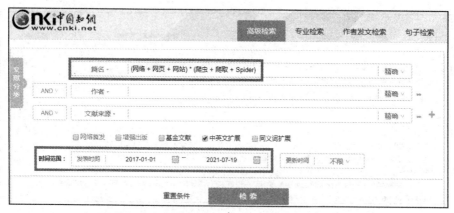

图 2-16　CNKI 实践项目一的步骤 3 和步骤 4 示例

4. 选择文献时间范围

根据项目需求,时间范围选定在 2017-01-01 至 2021-07-19(假设检索日为 2021-07-19),如图 2-16 所示。

5. 检索结果筛选与排序

单击图 2-16 中的"检索"按钮,可以获得如图 2-17 所示的初步检索结果。根据项目需求,应当在初步检索结果中筛选出所有的硕士学位论文,并将筛选后的检索结果按照"被引量降序"排序。单击图 2-17 中的"学位论文"下拉按钮,选择"硕士",就筛选出所有的硕士学位论文;单击图 2-17 中的"被引"按钮,就可以获得"被引量降序"排序结果,如图 2-18。

6. 选择目标文献

在检索结果中,选择若干篇文献仔细研读,以对毕业设计选题和撰写提供参考。

练习 2-1

项目需求:小张打算撰写一篇关于"互联网金融背景下的商业银行应对策略"的学术论文进行投稿。请帮助小张在中国知网检索 2017 年以来的学术期刊论文,并将检索结果以"被引量降序"排序,以对其学术论文撰写提供参考和借鉴。

练习 2-2

项目需求:小李打算撰写一篇关于"国际会计准则影响因素"的学术论文进行投稿。请

图 2-17 CNKI 实践项目一的检索结果示例(筛选排序之前)

图 2-18 CNKI 实践项目一的检索结果示例(筛选排序之后)

帮助小李在中国知网检索 2017 年以来的学术期刊论文,并将检索结果以"下载量降序"排序,以对其学术论文撰写提供参考和借鉴。

练习 2-3

项目需求:小王打算撰写一篇关于"会计信息披露质量影响因素"的毕业设计。请帮助小王在中国知网检索 2017 年以来的学位论文,并将检索结果以下载量降序排序,以对其毕业设计撰写提供参考和借鉴。

2.3.2 CNKI 实践项目二

一、项目需求

敏捷软件开发(Agile Software Development)是软件开发行业为应对客户频繁变更产品需求,并试图最大化体现软件产品价值属性而提出的一种开发框架、设计模式和实践方法。敏捷软件开发强调个体和交互优于过程和工具,可以工作的软件优于面面俱到的文档,客户合作优于合同谈判,响应变化优于遵循假话。因此,敏捷软件开发模式被广泛应用于软件设计类企业,例如华为、中兴等企业。请检索敏捷软件开发相关的学术期刊文献,筛选出近10年来发文量超过5篇的国外发文作者及其发表的文献。

二、检索步骤

1. 分析项目需求并确定检索词

从项目需求描述可知，检索词应当紧扣"敏捷软件开发"。因此，检索词可以包括："agile""develop""software"等。

2. 检索词扩展

为了尽可能实现全面检索，应当对检索词进行扩展，扩展后的检索词可以包括："agile""develop""design""architecture""software"等。

3. 构建检索式

构建检索式包括确定检索方式、确定检索字段和编辑检索式。

(1) 确定检索方式：由于普通检索不支持检索词连接算符，也不支持多字段联合检索，因此，选择"高级检索"或"专业检索"等检索方式，本案例选择"高级检索"作为示例。

(2) 确定检索字段：本案例选择"篇名"作为检索字段。

(3) 编辑检索式：在检索字段"篇名"后，输入"agile * (develop + software + architecture + design)"，如图 2-19 所示。

图 2-19　CNKI 实践项目二的步骤 3 和步骤 4 示例

4. 选择文献时间范围

根据项目需求，时间范围选定在 2011-07-19 至 2021-07-19（假设检索日为 2021-07-19），如图 2-19 所示。

5. 检索结果筛选与排序

单击图 2-19 中的"检索"按钮，可以获得如图 2-20 所示的初步检索结果。根据项目需求，应当在初步检索结果中筛选出所有的外文学术期刊，并将筛选后的检索结果按照"作者发文量"二次筛选。单击图 2-20 中的"外文"链接，再选择"学术期刊"按钮，就筛选出所有的学术期刊外文文献；单击图 2-21 中的"作者"下拉式列表，可以显示所有的发文作者及其发文量，勾选发文量超过 5 篇的所有作者，单击确定，就可以获得"作者发文量"超过 5 篇的所有作者及其发表文献信息。

图 2-20　CNKI 实践项目二的初步检索结果示例

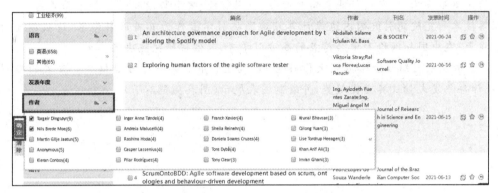

图 2-21　CNKI 实践项目二的"作者"筛选示例

课后习题

（1）小王同学马上要进行毕业设计选题和撰写，在指导老师给出的选题建议框架下，小王计划撰写一篇关于"大数据清洗与可视化"的毕业设计。请帮助小王在中国知网 CNKI 检索 2017 年以来的硕士学位论文，并将检索结果以"被引量降序"排序显示，以对其毕业设计撰写提供参考和借鉴。

（2）小李同学撰写了一篇关于"基于 SSH 框架的图书管理系统的设计与实现"的毕业设计，该毕业设计的参考文献如下所示。

[1] 孙鑫编著.JAVA Web 开发详解[M].电子工业出版社,2006.189-274.

[2] 李峰,刘彦隆. 基于 SSH 框架与 jquery 技术的 JAVA Web 开发应用[J].科技情报开发与经济,2010,20(6)：106-109.

[3] 赵洋,张丽,王恩东,张素宁.基于 Structs＋Spring＋Hibernate 的 J2EE 的架构研究[J].现代电子技术,2009,2(289)：107-110.

[4] 蔡剑,景楠.JAVA Web 应用开发：J2EE 和 Tomcat[M].北京：清华大学出版社,2004.

[5] 王海涛,贾宗璞.基于 Struts 和 Hibernate 的 Web 应用开发[J].计算机工程,2011,37(9)：113.

[6] 许川佩,张民,张婧.基于 Ajax 的 J2EE 安全应用框架[J].计算机工程,2010,36(4)：110-111.

[7] 陈正举.基于 HIRBERNATE 的数据库访问优化[J].计算机应用与软件,2012,29(7)：145-149.

[8] 冯燕奎,赵德奎. JSP 实用案例教程[M] 清华大学出版社,2004,5：70-100.

[9] 耿祥义编著.JSP 基础编程[M].清华大学出版社,2004.55-162.

[10] 孙卫琴 精通 struts[M]电子工业出版社 2004 年 8 月 50-70.

请你指出参考文献著录格式的不规范之处,并替他/她修改,以使其符合《信息与文献参考文献著录规则》(GB/T 7714—2015)的具体要求。

(3) 边缘计算是在靠近物或数据源头的一侧,采用集网络、计算、存储、应用核心能力于一体的开放平台,为用户提供就近端服务的计算模型。边缘计算由网络边缘侧发起,能产生更快的网络服务响应,满足行业在实时业务、应用智能、安全与隐私保护等方面的基本需求。某网络技术研究院想引进国内边缘计算领域高被引学者作为其首席科学家,请从期刊论文被引视角,在中国知网检索排名前五的高被引学者,以供该研究院决策参考。

(4) 请在中国知网检索苏州大学在 2016—2021 年以第一作者单位公开发表的期刊论文,统计每年发文量及其变化趋势,并绘制图表展示(图表类型不限)。

第 3 章

专利文献基础知识

世界知识产权组织将专利文献定义为：包括已经申请或被确认为的发现、发明、实用新型和工业品外观设计的研究、设计、开发和试验成果的有关资料，以及保护发明人、专利所有人及工业品外观设计和实用新型注册证书持有人权利的有关资料的已出版或未出版的文件的总称。一般而言，专利文献包括发明、实用新型和外观设计专利的说明书，专利公报，专利文摘，专利索引以及专利分类表。本书所述的"专利文献"特指发明或与实用新型专利相关的各类文献，不包含与外观设计相关的各类文献。

 ## 3.1 专利文献概述

3.1.1 专利的种类

世界各国对专利的种类划分不尽相同，而《中华人民共和国专利法》（以下简称《专利法》）中规定的专利种类有发明专利、实用新型专利和外观设计专利三种。

1. 发明专利

我国《专利法》规定，发明是指对产品、方法或者其改进所提出的新的技术方案。发明包括产品发明和方法发明两大类。

专利的种类.mp4

（1）产品发明是指通过科学研究开发出来的关于各种新产品、新材料、新物质等的技术方案。新产品可以是一个独立、完整的产品，也可以是设备中的某个零部件，还可以是软件系统中的逻辑模块或其组合。例如，一种路由器（ZL 201210050194.7）、充气机紧固件（ZL 201310571489.3）、输入框特殊字符输入提示模块及方法（ZL 201710398166.7）等产品。新材料主要包括生物、化学、工业等领域的各种材料（如化学物质、组合物等）。例如，一种高清晰度激光打印机感光鼓的鼓基管用铝合金材料（ZL 201110098045.3）、一种对甘氨酸转运子具有抑制活性的新化合物（ZL 201210109904.9）等。

（2）方法发明是指在改造产品过程中所使用的特定流程、步骤、工艺、算法等的技术方案。方法可以是独立、完整的步骤，也可以是单个步骤，主要包括产品的制备方法、测量方法、通信方法、生产方法、调试方法等，例如还原青蒿素的生产工艺（ZL 85100978）、一种快速测量多晶硅中微量硼杂质的方法（ZL 201410014232.2）、一种5G多载波水声通信方法（ZL 201811478420.5）等。

2. 实用新型专利

实用新型是指对产品的形状、构造或者其结合所提出的适于实用的新的技术方案。实用新型又称为小发明，其与发明的区别在于：一是实用新型仅限于对产品提出新的技术方案，而不包括对方法提出新的技术方案；二是实用新型对产品提出的技术方案仅限于产品的形状、构造、形状和构造结合三种情形，不能包括对逻辑模块、虚拟实体等提出新的技术方案；三是实用新型的创造性程度低于发明。例如，一种可视化图形编程装置（ZL 201820210543.X）、摇杆和按键二合一的游戏手柄（ZL 201520140758.5）、一种高速海量数据存储装置（ZL 201120265900.0）等。

 小知识 3-1

目前，全球有 57 个国家和地区建立了实用新型专利制度，其中包括中国、德国、法国、日本、韩国、巴西等。其他如美国、英国、瑞士等国家没有建立实用新型专利制度。

3. 外观设计专利

外观设计是指对产品的整体或者局部的形状、图案或者其结合以及色彩与形状、图案的结合所作出的富有美感并适于工业应用的新设计。外观设计与发明或实用新型完全不同，其本质上是具有美感度的工业设计，而不是解决技术问题的技术方案。例如，帽子（卡通防风帽）（ZL 201830452702.2）等。

 小知识 3-2

专利权的保护期限从申请日起算，而不是授权日。2020 年修订的《中华人民共和国专利法》规定，发明专利权的期限为 20 年，实用新型专利权的期限为 10 年，外观设计专利权的期限为 15 年，均自申请日起计算。

3.1.2 专利权的法律特征

1. 排他性

专利权是一种专有权，具有独占的排他属性，表现为只有在征得专利权人的同意或许可才能使用其专利技术。专利权许可按许可条件可以分为普通实施许可、排他实施许可、独占实施许可。

2. 时效性

专利权的法律保护具有时效性，专利权仅在法律规定的期限内有效，专利权期限届满后，专利权自行失效，专利权归社会公众所有。

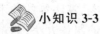 小知识 3-3

问题：专利权届满失效后，是否意味着社会公众可以自由使用、制造和销售？

回答：不一定。外观设计专利权届满后失效的是专利权，但还享有著作权，社会公众在未征得外观设计著作权人同意前仍然不能自由使用、制造和销售。

3. 地域性

专利权具有区域限制性。一个国家或地区授予的专利权,仅在该国家或地区境内有效,对其他国家和地区没有任何法律效力;若要使该专利技术在其他国家和地区受到保护,就必须向该国家和地区提出专利申请。

4. 优先权

优先权是指专利申请人就其发明创造第一次在某国提出专利申请后,在法定期限内,又就相同主题的发明创造提出专利申请,后申请的专利以第一次申请专利的日期作为其申请日,专利申请人依法享有的权利。《中华人民共和国专利法》规定,优先权分为本国优先权和外国优先权。

(1)本国优先权是指专利申请人就相同主题的发明或实用新型在我国内第一次提出专利申请之日起12个月内,又向我国内提出专利申请的,可以享有优先权。

(2)外国优先权是指专利申请人自发明或实用新型在外国第一次提出专利申请之日起12个月内,或者自外观设计在外国第一次提出专利申请之日起6个月内,又在我国就相同主题提出专利申请的,依照该外国同我国签订的协议或共同参加的国际条约,或者依照相互承认优先权的原则,可以享有优先权,以其在外国第一次提出专利申请之日为申请日,该申请日就为优先权日。

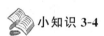 **小知识 3-4**

优先权制度更加有利于企业保护创新技术。企业的技术创新是一个长期的研发过程,企业为使自身技术竞争优势最大化,往往在新的技术方案的构思阶段就申请专利,通过尽可能早地抢占申请日实现技术布局;但构思阶段申请的专利中的技术方案可能不够完善,或者存在一些瑕疵,所以企业通过本国优先权制度,就可以在法定时间内,就更新、更完善的同主题的技术方案再次申请专利,并享有第一次申请专利的申请日。

企业M在2020年5月1日第一次提交了发明专利申请P,发明专利申请P包括技术特征A、B、C。随着技术研发过程的推进,发现技术特征B在方案实施过程中还不完善,因此,对技术特征B进行补充后形成技术特征B1。根据《中华人民共和国专利法》关于优先权的规定,企业M可以在2021年5月1日之前,再次就包含了技术特征A、B1、C的技术方案提交专利申请P1,P1可以享有P的优先权,所以P1的优先权日为2020年5月1日,而不是P1实际提交专利申请的日期,从而确保企业M的利益最大化。

3.1.3　专利文献的类型

专利文献的类型主要包括一次专利文献、二次专利文献和专利分类资料。

1. 一次专利文献

一次专利文献也被称为专利说明书,是指各国和地区知识产权管理部门、国际专利组织等出版的各类专利或专利说明书(专利说明书的组成部分将在3.3节详细阐述)。

一次专利文献包括出版发行和内部查阅两种形式。在出版发行专利文献的国家和组织中,中国、日本、美国、英国、德国、法国、加拿大、澳大利亚、俄罗斯、欧洲专利局、世界知识产权组织等出版的专利文献数量位居前列,约占世界年专利文献出版量的80%。此外,有些国家的专利说明书仅依公众请求提供内部查阅和复印服务,如南非、阿根廷、智利等国。

2. 二次专利文献

二次专利文献是指各专利组织为帮助用户快速地从一次专利文献中获取、定位所需的专利文献而出版的专利公报、专利文摘和专利索引。

专利公报是定期公开报道有关专利申请审批状况及法律法规信息的出版物。各国专利管理部门、国际专利组织在其官方网站会定期出版专利公报。图 3-1 显示了我国国家知识产权局公布的发明专利公报(2021.07.06),包括专利申请公布、国际专利申请公布、专利权授予、事务、索引、更正等内容。

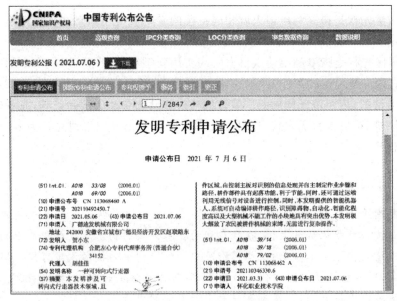

图 3-1　国家知识产权局公布的发明专利公报(2021.07.06)

专利文摘是专利公报的补充性出版物,是对专利说明书的基本组成或主要技术特征的简短概述。

专利索引是各国专利管理部门、国际专利组织以专利文献的著录项目为条目编制的索引,如号码索引、人名索引、分类索引等。

3. 专利分类资料

专利分类资料是按发明技术主题对专利文献进行检索的工具,包括专利分类表、分类表索引等。专利分类信息是专利文献相对于非专利文献所特有的,是专利文献检索的重要入口。

3.1.4　专利文献的特点

1. 数量多、信息全

按单一种类统计,专利文献是世界上数量最多的数据源之一。2020 年 12 月,世界知识产权组织发布的《世界知识产权指标》报告显示,2019 年全球专利申请量已超过 322 万件。同时,专利文献涵盖了几乎所有的科学技术领域,全球科技创新成果的 90%~95% 被专利文献公开。因此,专利文献不仅数量多,而且科技信息非常全面。

2. 技术与法律融合

专利文献是技术文件,专利说明书是详细记载解决技术问题的技术方案或技术手段,与现有技术相比,专利文献应当满足技术新颖性、创造性和工业实用性。同时,专利文献又是法律文件,专利文献的权利要求书清楚、完整地记载了专利要求保护的范围,是专利侵权判定的法律依据。因此,专利的价值体现不能仅仅从技术角度衡量,而应当从技术、法律等多个维度综合考量。

3. 形式规范

各国专利管理部门、国际专利组织对专利文献体例均有严格要求。例如,一件专利申请一般都要包括权利要求书和说明书,而说明书中一般都会包括技术领域、背景技术、发明内容、实施案例、附图等内容,权利要求书和说明书中各部分内容之间要求相互呼应和支撑,这就为理解和检索专利文献提供了便利。

4. 术语多样化

考虑到专利文献的所在地域不同、申请年代不同、技术人员水平不同,对于同样的技术术语,必然会存在多种表述和记载。例如,技术术语"网络""网路""具有多个节点且相互电连接的通路"等均表示同样的技术概念。正因为如此,专利检索时应当重视关键术语的扩展,以避免因术语考虑不全导致一些关键专利文献的漏检。

5. 具有标准分类体系

专利文献一般都由专业人员按照不同的技术领域进行专门分类,公开出版的专利文献扉页上都会标记一种或多种专利分类号。常见的专利分类号有 IPC 国际专利分类号、CPC 联合分类号、UC 美国专利商标局分类号、FI/FT 日本专利局分类号、ECLA 欧洲专利局分类号等。为了减少不同国家出版的专利文献的语言理解障碍,世界上主要专利机构都统一使用国际专利分类号作为专利分类体系。

3.1.5 专利文献的用途

1. 获取科技情报

利用专利文献中记载的解决技术问题的技术方案,可以帮助科技工作者拓展研发思路,提高科技创新活动的起点,在更高的技术层面做进一步科技创新,避免盲目、重复研发;利用专利文献的引证关系,可以帮助科技工作者厘清特定技术的演化路径和发展趋势,为科技创新战略规划提供决策参考;利用专利文献的相关权利人及其流动状况,可以快速挖掘竞争对手的创新研发动向及技术布局,从而制定更加有利的技术布局策略。

2. 获取法律情报

利用专利文献的法律状态及其流动状况,可以掌握专利文献的权利归属、权利转移、权利质押、专利诉讼等信息,为专利交易和转移转化等活动提供决策支撑;其次,将专利文献的科技情报与法律情报综合分析,可以更加准确地评估专利资产价值,为专利技术产业化,以及专利作价入股、专利质押、专利证券化等金融创新活动提供决策参考。

3. 获取产业经济情报

利用专利文献计量分析研究,可以为政府机构在培育科技产业、战略性新兴产业和前瞻性产业、制定产业经济政策、做出重大产业决策等方面提供战略保障;为行业和企业掌握产业创新发展态势、洞悉产业前沿技术和发展趋势、积极做好产业技术布局提供科学引导；为高校院所深化产学研用协同发展提供大数据支撑。

3.2 专利文献的分类体系

3.2.1 专利分类体系概述

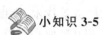

小知识 3-5

专利发展早期，计算机尚未问世，在大量的专利文献中检索到目标专利是一件非常困难的事情。于是专利文献管理员就尝试将专利文献进行归类，专利分类号就诞生了。专利管理员为每个分类号准备了一个抽屉，每个抽屉容纳两百多件专利文献，不同的专利文献就被归到不同的抽屉；随着专利文献数量增多，原先准备的抽屉已经放不下了，专利管理员就不得不考虑将分类号进行二次细分，并增加新的抽屉用于存放专利文献。在信息技术高速发展的今天，专利分类号作为计算机检索的入口和手段，将显得更为重要。专利检索员借助专利分类号，可以快速检索到某个特定技术领域的所有专利文献，极大地提升了检索效率。

资料来源：国家知识产权局专利局专利审查协作江苏中心. 跟着审查员学检索[M]. 北京：知识产权出版社，2020.

专利分类体系就是各种专利分类号，表 3-1 提供了全球主流的专利分类体系。专利分类号，相当于给每件专利打上一个标签，相同或类似技术内容的专利应当有相同或接近的专利分类号。专利分类号的作用，主要为了便于对海量的专利文献进行快速归类和检索。

表 3-1　全球主流的专利分类体系

专利分类体系全称	专利分类体系简称
国际专利分类	IPC
联合专利分类	CPC
美国专利分类	USPC 或 UC
欧洲专利分类	ECLA 或 EC
日本专利分类	FI
	F-Term 或 FT

除此之外，国家知识产权局网站还提供了分类号关联查询，如图 3-2 所示。用户可以快速地在 IPC 分类号与 ECLA、UC、FI、FT、CPC 任意分类号之间进行关联查询，为专利检索过程中的分类号扩展提供了便捷。

3.2.2 国际专利分类号

国际专利分类号（International Patent Classification，IPC）是目前全球使用最广泛的分类体系，于 1968 年 9 月 1 日公布第 1 版。IPC 由世界知识产权组织（WIPO）管理，全球已公

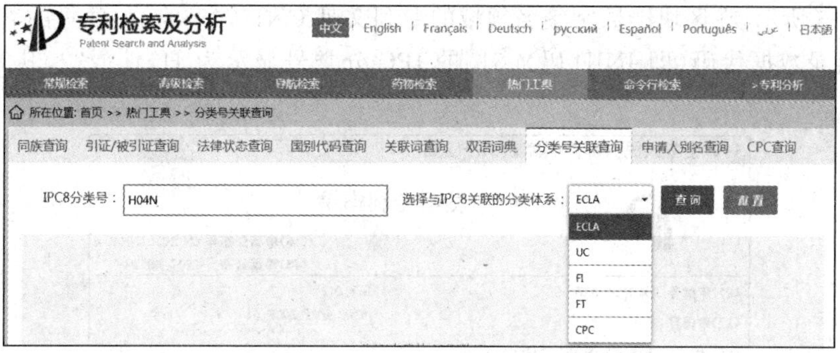

图 3-2　分类号关联查询界面

开的发明和实用新型专利文献基本都使用 IPC 分类法进行分类。图 3-3 是国家知识产权局提供给公众查询 IPC 分类号的页面，页面提供了"输入关键字查分类号""输入分类号查含义"两种查询方式。

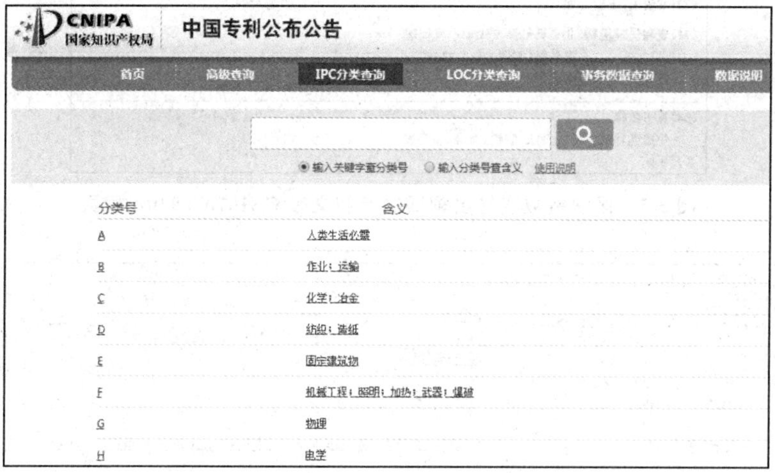

图 3-3　IPC 分类号查询界面示例

IPC 是一种等级分类体系，等级从高到低依次为部、大类、小类、大组、小组。其中，部的技术领域范围最大，大类的保护范围次之，小组的保护范围最小，如图 3-4 所示。

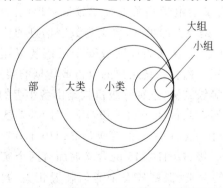

图 3-4　IPC 各等级对应的技术领域保护范围示意图

　　如图 3-5 所示,在区块链数字签名领域的专利文献 CN107078910A 扉页的著录项目中,专利文献著录数据代码(即 INID 码)[51]的 IPC 分类号显示为 H04L9/32,其等级结构如图 3-6 所示。

图 3-5　区块链数字签名领域的专利文献 CN107078910A 扉页

分类号	含义
↗	返回
H	部——电学
└ H04	电通信技术
└ H04L	数字信息的传输,例如电报通信(电报和电话通信的公用设备入H04M)(4)
└ H04L9/00	保密或安全通信装置
└ H04L9/32	·包括用于检验系统用户的身份或凭据的装置(5)

图 3-6　H04L9/32 的 IPC 等级结构示例

　　其中,H 是部的类号,含义为电学相关的技术领域;H04 是大类的类号,含义为电通信技术相关的技术领域;H04L 是小类的类号,含义为数字信息的传输(例如电报通信)相关的技术领域;H04L9 是大组的类号,含义为保密或安全通信装置相关的技术领域;H04L9/32 是小组的类号,含义为包括用于检验系统用户的身份或凭据的装置相关的技术领域。

　　其实,小组之间也存在等级结构,这种等级机构是由各小组的类名(或含义)前面的实心圆点决定的。实心圆点数量越多,说明小组等级越低。图 3-7 显示了 IPC 分类号小组间的等级结构关系,在 IPC 小组中,H04L9/00 的等级最高;H04L9/14 的含义前面有一个实心圆点,其等级比 H04L9/00 低一级;H04L9/16 的含义前面有两个实心圆点,其等级比 H04L9/14 低一级。由 H04L9/00 的含义(保密或安全通信装置相关的技术领域)可知,H04L9/14 的含义为保密或安全通信装置的使用多个密钥或算法相关的技术领域;H04L9/16 的含义为保密或安全通信装置的使用多个在工作期间变化的密钥或算法相关的技术领域。

分类号	含义
	返回
H	部——电学
└H04	电通信技术
└H04L	数字信息的传输，例如电报通信（电报和电话通信的公用设备入H04M）（4）
└H04L9/00	保密或安全通信装置
└H04L9/14	·使用多个密钥或算法（5）
└H04L9/16	··在工作期间变化的密钥或算法（5）

图 3-7 IPC 小组之间等级结构示例

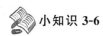 **小知识 3-6**

INID 码标号为[51]的著录项为 IPC 分类号，大多数情况下都是以小组分类号的形式出现，限定了一个比较具体的技术领域，范围比较小，在做特定技术领域或技术分支的专利检索中使用较为频繁。在有些特殊情况下，大组分类号也会出现在 INID 码标号为[51]的著录项中，这就表明该专利文献所涉及的技术领域没有被相应的小组分类号所覆盖。因此，如果找不到对应的小组分类号表示某一技术领域时，通常用相应的大组分类号表示。所以使用专利分类号检索时，要根据标的技术领域、检索类型等综合考虑精确到分类号的哪一等级。

 案例 3-1

苹果公司（Apple Inc.）在"手机滑动解锁"技术领域布局了大量的专利，请确定"滑动解锁"技术领域的 IPC 分类号。

途径一：登录国家知识产权局网站或 WIPO 知识产权门户网站通过输入关键字查询。

途径二：检索到"滑动解锁"技术领域专利，查看扉页上的 IPC 分类号。

途径三：检索"滑动解锁"相关专利，利用分析统计功能，查询数量占比排第一的 IPC 分类号。

3.2.3 其他主流的分类号

1. 联合分类号 CPC

CPC 分类体系与 IPC 相似，是一种按照等级编排，且比 IPC 更加细分的分类体系。CPC分类表中的 A～H 部具有更多的细分领域，除此还有 Y 部和分散在各部中的数量庞大的2000 系列。Y 部具有与 A～H 部相似的等级结构和分类号格式，其内容涉及缓解气候变化技术（Y02B/C/E/T），信息和通信技术对其他技术领域的影响（Y04S），包含在美国专利分类的交叉参考技术文献小类（XRACs）和暂时性分类标记的科技主题（Y10S）等。

如图 3-8 所示，在页面的"中文含义"输入框中输入"网络安全"，可以查询到 H04L2209/80、H04L2463/00、H04M2203/60、H04N21/2396 等 2000 系列分类号。

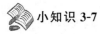 **小知识 3-7**

在 CPC 分类体系中，Y 部的大组在检索实务中很少用到。因为很多大组对应技术

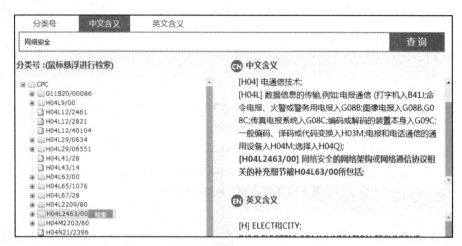

图 3-8　CPC 分散在各部的 2000 系列示例

领域的专利文献很少或者没有,例如 Y10S2/00。因此,在专利检索中通常精确到 Y 部小类。

2. 美国专利分类号 UC

美国专利分类号 UC 是由美国专利商标局认证的官方分类体系,仅适用于美国专利文献,采用二级结构,基本形式为"大类/小类",大类表示具体的类别,小类是对大类的进一步细分。例如 345/156,其中 345 是大类号,156 是大类中的小类号。

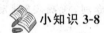 小知识 3-8

虽然美国专利文献扉页都标注 IPC 分类号,但美国商标专利局一般不对美国专利文献直接给定 IPC 分类号,而是专注于确定和标注 UC 分类号;待 UC 分类号确定后,再根据 IPC-UC 对照表获取该 UC 分类号对应的 IPC 分类号。因此,美国专利文献的 UC 分类号对技术分类的准确度更高。在专利检索实务中,如果目标文献是美国专利,那么检索策略应当包括 UC 分类号检索。

3. 欧洲专利分类号 EC/ELCA

欧洲专利分类号是欧洲专利局认证的官方分类号,其以 IPC 分类体系为基础,并对 IPC 分类体系进行细分,使得细分后的条目含义更加清晰,文献数量适中,检索效率提升。

给出 EC 分类号的国家和组织涉及 AT(奥地利)、AU(澳大利亚)、BE(比利时)、CA(加拿大)、CH(瑞士)、DE(德国)、EP(欧洲专利局)、FR(法国)、GB(英国)、LU(卢森堡)、NL(荷兰)、US(美国)、WO(世界知识产权组织)等。欧洲专利局选择这些国家的原因之一,是这些国家的工业技术水平较高,工业门类较全,其专利文献能够充分代表其技术发展水平;原因之二在于这些国家专利文献使用的语言对审查员的障碍较小。

4. 日本专利局 FI 和 F-Term 分类体系

日本特许厅认为 IPC 分类号无法满足高效检索日本专利文献的需求,于是构建了 FI 和 F-Term 两种专利分类体系。FI 是 File Index(文件索引)的简称,F-Term 是 File Forming

Terms(文件构成术语)的简称,FI 和 F-Term 分类号会同时出现在日本专利文献中,如图 3-9 所示。

图 3-9　日本专利文献中的 **FI/F-Term** 示例

(1) FI 分类体系是对 IPC 分类体系的细分。

(2) F-Term 分类体系是日本特许厅专门为计算机检索构建的分类体系,它从技术主题的多个角度进行分类,例如用途、结构、材料、目的、制作方法、使用方法、装置、类型等,是一种多视点的分类方法。例如,关于"茶和咖啡"的分类,F-Term 分类体系首先将该技术主题细分为产品的种类、目的、外形等,对"外形"又细分为固态、糊状,对于"固态"又细分为粉末、颗粒和胶囊。至今,F-Term 分类体系已归类大约 2 600 个技术主题,其中约 1 900 个技术主题已经制成 F-Term 分类表,下设约 22 000 个分类角度以及约 340 000 个细分条目。

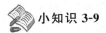 小知识 3-9

最初,世界知识产权组织建立 IPC 分类体系的目的是在全球建立一个统一的分类体系,从而使各国不再对外国出版的专利文献进行分类。但实际上,各国在对文献的分类规则上难以达成一致,世界上主要的知识产权国家和地区都建立起自己的分类体系。因此,同族专利在向其他国家申请时往往会被赋予不同的分类号。在专利检索实务中,特别是无效检索和防侵权检索时,应当进行分类号扩展检索,以防止漏检。

3.3　专利说明书的组成部分

专利说明书主要由扉页、权利要求书、说明书和说明书附图四部分组成。发明专利说明书的说明书附图不是必需的,但实用新型专利说明书的说明书附图是必需的。

3.3.1　扉页

专利说明书的扉页记录专利文献的技术、法律和经济方面的信息,其著录格式采用国际承认的专利文献著录项目代码(INID),INID 代码由方括号内的两位阿拉伯数字表示,其优点在于浏览各国专利文献时不受语言限制,起到快速定位、获取用户需要的著录信息的作用。表 3-2 示出了 INID 代码及其含义。

表 3-2 INID 代码及其含义

INID 代码	含　义	INID 代码	含　义
[10]	文献标识	[54]	专利名称
[11]	专利号	[55]	关键词
[12]	文献类别	[56]	对比文件
[15]	文献更正数据	[57]	摘要
[19]	公布文献的国家机构	[58]	审查范围
[20]	出版国家登记项	[60]	法律相关项
[21]	申请号	[61]	增补专利
[22]	申请日	[62]	分案原申请数据
[23]	其他登记日期	[63]	续接专利
[30]	优先权数据	[64]	修订专利
[31]	优先权号	[66]	本国优先权数据
[32]	优先权日	[70]	与发明有关人员识别项
[33]	优先权国家	[71]	申请人及地址
[40]	公布或公告日期	[72]	发明人
[41]	展出日期(未审批)	[73]	专利权人及地址
[42]	展出日期(未批准)	[74]	专利代理机构及代理人
[43]	申请公告日	[75]	发明人兼申请人
[44]	审查未批说明书公告日	[76]	发明人兼申请人兼专利权人
[45]	授权公告日	[81]	制定国
[46]	只出版专利权项的日期	[82]	选择国
[47]	可阅览或复制日期	[84]	指定协议国
[48]	更正文献出版日	[85]	PCT 进入国家阶段日
[50]	技术信息项	[86]	PCT 申请数据
[51]	国际专利分类号	[87]	PCT 公布数据
[52]	本国专利分类号	[88]	检索报告延迟公布日
[53]	国际十进制分类		

图 3-10、图 3-11 分别是中国和美国的发明专利申请书的扉页实例。可以看出,专利申请书的扉页一般都包括专利文献类别([12])、专利申请或授权公布号([10])、专利申请号([21])、申请日([22])、申请公告日或授权公告日([43]或[45])、公布专利的国家机构([19])、申请人及地址或专利权人及地址([71]或[73])、发明人([72],若发明人兼申请人则以[75]标注,若发明人兼申请人兼专利权人则以[76]标注)、国际专利分类号([51])、专利名称([54])、摘要([57])等著录信息,其他著录信息则按实际需要标注。

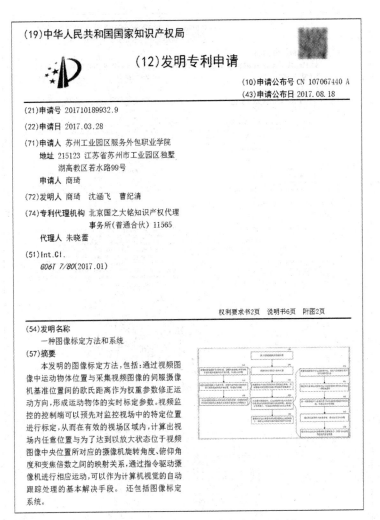

(19)中华人民共和国国家知识产权局

(12)发明专利申请

(10)申请公布号 CN 107067440 A
(43)申请公布日 2017.08.18

(21)申请号 201710189932.9
(22)申请日 2017.03.28
(71)申请人 苏州工业园区服务外包职业学院
　　　地址 215123 江苏省苏州市工业园区独墅
　　　　　　湖高教区若水路99号
　　　申请人 商琦
(72)发明人 商琦　沈涵飞　曹纪清
(74)专利代理机构 北京国之大铭知识产权代理
　　　　　　　　 事务所(普通合伙) 11565
　　　代理人 朱晓蕾
(51)Int.Cl.
　　　G06T 7/80(2017.01)

权利要求书2页 说明书6页 附图2页

(54)发明名称
　　一种图像标定方法和系统
(57)摘要
　　本发明的图像标定方法,包括:通过视频图像中运动物体位置与采集视频图像的伺服摄像机基准位置间的欧氏距离作为权重参数修正运动方向,形成运动物体的实时标定参数。视频监控的控制端可以预先对监控视场中的特定位置进行标定,从而在有效的视场区域内,计算出视场内任意位置与为了达到以放大状态位于视频图像中央位置所对应的摄像机旋转角度、俯仰角度和变焦倍数之间的映射关系,通过指令驱动摄像机进行相应运动,可以作为计算机视觉的自动跟踪处理的基本解决手段。还包括图像标定系统。

图 3-10　中国发明专利申请书的扉页实例

3.3.2　权利要求书

　　权利要求书明确界定了专利申请人要求保护的权利范围,是专利审查时确定授予专利权的主要对象,也是专利侵权诉讼时的重要法律依据。权利要求书本质上属于法律文书,具有直接的法律效力。《中华人民共和国专利法》第二十六条规定,"权利要求书应当以说明书为依据,清楚、简要地限定要求专利保护的范围。"

　　权利要求书分为独立权利要求和从属权利要求。独立权利要求应当从整体上反映发明的技术方案,记载解决技术问题的必要技术特征。从属权利要求用附加的技术特征,对引用的权利要求作进一步限定。独立权利要求的保护范围最大,引用独立权利要求的从属权利要求的保护范围较独立权利要求窄。

　　技术方案是对现有技术进行改进的、能够解决特定技术问题并取得特定技术效果的新的方案,技术方案可以包括多个技术特征。换言之,多个技术特征的有序组合构成了技术方案。

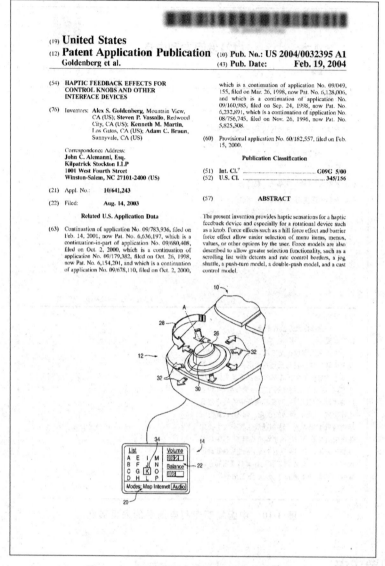

图 3-11　美国发明专利申请书的扉页实例

应当注意,必要技术特征是独立权利要求中为解决技术问题所必需或必然会用到的技术特征,缺少必要技术特征,则无法解决要解决的技术问题。因此,必要技术特征缺一不可。与必要技术特征相对的是非必要技术特征,也即对解决技术问题不必要也不必需的技术特征。

例如,为了解决电瓶车充电过程中电瓶温升过大而无法报警的技术问题,某独立权利要求的技术方案是在该电瓶表面设置温度传感器和蜂鸣器,当所述温度传感器检测到电瓶实时温度大于预设的温度报警阈值,触发所述蜂鸣器报警。可以看出,"在该电瓶表面设置温度传感器和蜂鸣器,当满足特定条件时,所述蜂鸣器报警"是必要技术特征,因为缺少任一技术特征,就无法解决"电瓶温升过大而无法报警"这一技术问题。若在独立权利要求中还加入"电瓶表面设置降温风扇,当满足特定条件时,启动所述风扇为所述电瓶降温"这一技术特征,则为非必要技术特征,因为风扇是为降温所设,而要解决的技术问题并不是电瓶降温,而是电瓶温升及时报警;在解决及时报警的技术问题时,即便没有设置和启动风扇,也不会影响蜂鸣器报警。

《中华人民共和国专利法实施细则》第二十一条规定:"发明或者实用新型的独立权利要求应当包括前序部分和特征部分,按照下列规定撰写:

(一)前序部分:写明要求保护的发明或者实用新型技术方案的主题名称和发明或者实用新型主题与现有技术共有的必要技术特征;

(二)特征部分:使用'其特征是……'或者类似的用语,写明发明或者实用新型区别于最接近的现有技术的技术特征。这些特征和前序部分写明的特征合在一起,限定发明或者实用新型要求保护的范围。"

《中华人民共和国专利法实施细则》第二十二条规定:"发明或者实用新型的从属权利要求应当包括引用部分和限定部分,按照下列规定撰写:

(一)引用部分:写明引用的权利要求的编号及其主题名称;

(二)限定部分:写明发明或者实用新型附加的技术特征。"

例如,"如权利要求 X 所述的 Y",或者"根据权利要求 X 所述的 Y"。其中,X 为引用的权利要求的编号;Y 为引用的权利要求的主题名称。

例如,某发明申请的权利要求书如下。

(1)一种坐具,包括支撑部件、扶手,其特征在于,所述坐具还包括在所述扶手上安装的支撑板;所述支撑板与所述扶手之间为活动链接,在所述支撑板处于收起状态时,所述支撑板通过所述活动连接被置于所述扶手的侧部;在所述支撑板处于打开状态时,所述支撑板通过所述活动连接,从所述扶手侧部翻转、打开至所述坐具使用者腿部的上方。

(2)如权利要求(1)所述的坐具,其特征在于,所述坐具还包括安装在所述支撑部件底部的滚轮,所述滚轮与所述支撑部件底部滚动连接。

(3)如权利要求(2)所述的坐具,其特征在于,所述滚轮的表面设置有密布排列的防滑凸起点。

(4)如权利要求(1)所述的坐具,其特征在于,所述坐具还包括设置于扶手端部的靠背,所述靠背表面设置间隔排列的通风孔。

(5)如权利要求(4)所述的坐具,其特征在于,所述通风孔为圆形、矩形、菱形中的一种。

可以看出,权利要求(1)为独立权利要求,权利要求(2)~(5)为权利要求(1)的从属权利要求。

权利要求(1)中,发明主题为"一种坐具";前序部分为"包括支撑部件、扶手";特征部分为"所述坐具还包括在所述扶手上安装的支撑板;所述支撑板与所述扶手之间为活动链接,在所述支撑板处于收起状态时,所述支撑板通过所述活动连接被置于所述扶手的侧部;在所述支撑板处于打开状态时,所述支撑板通过所述活动连接,从所述扶手侧部翻转、打开至所述坐具使用者腿部的上方"。

权利要求(2)中,引用部分为"如权利要求(1)所述的坐具",表明权利要求(2)引用权利要求(1);限定部分为"所述坐具还包括安装在所述支撑部件底部的滚轮,所述滚轮与所述支撑部件底部滚动连接",表明该限定部分是在权利要求(1)的技术方案基础上对技术特征作进一步限定。

权利要求(3)中,引用部分为"如权利要求(2)所述的坐具",表明权利要求(3)引用权利要求(2);限定部分为"所述滚轮的表面设置有密布排列的防滑凸起点",表明该限定部分是在权利要求(2)的技术方案基础上对技术特征作进一步限定。

权利要求(4)中,引用部分为"如权利要求(1)所述的坐具",表明权利要求(4)引用权利要求(1);限定部分为"所述坐具还包括设置于扶手端部的靠背,所述靠背表面设置间隔排列的通风孔",表明该限定部分是在权利要求(1)的技术方案基础上对技术特征作进一步限定。

权利要求(5)中,引用部分为"如权利要求(4)所述的坐具",表明权利要求(5)引用权利要求(4);限定部分为"所述通风孔为圆形、矩形、菱形中的一种",表明该限定部分是在权利要求(4)的技术方案基础上对技术特征作进一步限定。

案例 3-2

某发明专利申请的权利要求书如下所述,请分别指出独立权利要求和从属权利要求,并画出各权利要求的引用关系。

(1) 一种摄像头标定方法,其特征在于,应用于云平台系统,所述云平台系统包括云平台和至少一个移动终端设备,该方法包括:

① 获取所述移动终端设备发送的视频图像,并对所述视频图像进行预处理,得到待标定图片。

② 基于预设标定算法对所述待标定图片进行图像标定,得到所需标定区域的坐标信息。

③ 将所述坐标信息发送至对应的移动终端设备,实现所述摄像头的标定。

(2) 根据权利要求(1)所述的方法,其特征在于,获取所述移动终端设备发送的视频图像,并对所述视频图像进行预处理,得到待标定图片,包括:

① 获取通过待标定摄像头采集得到的初始视频图像,所述初始视频图像通过所述待标定摄像头对多个不重叠的标定板进行拍摄得到,且多个所述标定板两两之间设置有分隔标识。

② 根据所述分隔标识对所述初始视频图像进行分隔处理,得到与各所述标定板分别对应的目标图像单元,所述目标图像单元包含有对应的标定板中全部的标定信息。

③ 分别对每个所述目标图像单元中的标定信息进行检测,并基于检测结果从各所述目标图像单元的标定信息中筛选出满足标定条件的目标标定信息。

④ 基于每个所述目标图像单元中的目标标定信息生成所述待标定摄像头对应的待标定图片。

(3) 根据权利要求(2)所述的方法,其特征在于,所述多个不重叠的标定板中包括有初始标定板和对照标定板;在通过所述待标定摄像头采集初始图像之前,所述多个不重叠的标定板被设置于待标定摄像头视野范围内,且所述多个不重叠的标定板中的初始标定板位于中心位置,所述多个不重叠的标定板中除所述初始标定板之外的对照标定板,均匀地分布在所述初始标定板的四周。

(4) 根据权利要求(2)所述的方法,其特征在于,根据所述分隔标识对所述初始视频图像进行分隔处理,得到与各所述标定板分别对应的目标图像单元,包括:

① 对所述初始视频图像进行检测,识别所述初始视频图像中的所述分隔标识。

② 通过所述分隔标识确定所述初始视频图像的多条目标裁剪线,其中,每条目标裁剪线上具有至少一个分隔标识。

③ 根据所述多条目标裁剪线对所述初始视频图像进行裁剪,得到与各所述标定板分别对应的目标图像单元。

分析:在上述各权利要求中,如图 3-12 所示,权利要求(1)为独立权利要求,权利要求 2~4 为从属权利要求,其中权利要求(2)引用独立权利要求(1),权利要求(3)和权利要求(4)同时引用权利要求(2)。独立权利要求(1)的保护范围最大,从属权利要求(2)次之,从属权利要求(3)和从属权利要求(4)的保护范围最小。

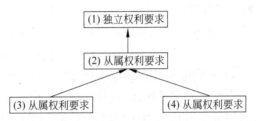

图 3-12 案例 3-2 中各权利要求之间的引用关系

 小知识 3-10

由于权利要求书是界定专利保护范围的依据和标准,其重要性不言而喻。因此,权利要求书在撰写中,对于技术特征的表述、技术方案的保护范围等必然字斟句酌。权利要求书撰写的特点为专利检索实践提供了一个重要启示,技术关键词选取时必须考虑技术特征的上下位关系和技术术语拓展。

 小知识 3-11

问题:既然独立权利要求的保护范围最大,撰写保护范围更窄的从属权利要求还有必要吗?

回答:有必要!

第一,从属权利要求可以提升专利权利的稳定性。正是因为独立权利要求的保护范围在所有权利要求中是最大的,因此,在现有技术的检索过程中,极有可能会检索到现有技术的相同技术方案落入独立权利要求的保护范围,从而导致独立权利要求缺乏新颖性而无法授予专利权;或检索到现有技术中的相近(接近)技术方案通过与其他技术特征的结合,从而导致独立权利要求缺乏创造性而无法授予专利权。从属权利要求在独立权利要求的基础上,具备独立权利要求所不具备的下位技术特征或新的技术特征,使得从属权利要求的技术方案与现有技术相同或相似的概率降低,从而提升从属权利要求的权利稳定性。

第二,从属权利要求有助于专利侵权特征比对。独立权利要求为了确保保护范围最大化,往往将技术特征上位化和抽象化,从而使得独立权利要求的技术特征显著性、与侵权产品/方法的特征对比度较差;而从属权利要求是对独立权利要求的技术特征的下位化和具体化,特别是从属权利要求的进一步限定可以将产品/方法的细节部分表现出来,更加有利于专利侵权判定时的特征比对。

上述第一个理由是必选项,第二个理由为可选项。

3.3.3　说明书

说明书是清楚、完整地记载发明创造的技术内容的文档。说明书记载了解决特定技术问题的完整技术方案,本领域技术人员通过实施说明书记载的技术方案,应当能够解决前述技术问题。《中华人民共和国专利法实施细则》规定,发明或者实用新型专利申请的说明书应当包括发明或者实用新型专利名称、技术领域、背景技术、发明内容、附图说明、具体实施方式等部分。

1. 发明或者实用新型专利名称

发明或实用新型名称应当能够体现发明或实用新型的技术主题和类型。

对技术主题而言,发明或实用新型名称应当记载必要的技术信息、明确发明或实用新型所要保护的技术对象。例如,发明或实用新型名称写为"一种设备""一种方法",则过于笼统,没有体现出发明或实用新型所要保护的技术对象,不符合撰写要求。

对类型而言,发明或实用新型名称应当体现出发明或实用新型保护客体类型到底是方法还是产品。例如,发明或实用新型名称写为"一种图像标定技术""数据清洗技术",则其类型是不清晰的,不符合撰写要求。

应当注意,发明或实用新型名称是"技术"主题,技术属性决定其名称中不能采用商品名称、商标名称、商业宣传性质的商业效果等非技术名称。

发明或实用新型名称应当与独立权利要求的主题一致,当存在多个独立权利要求时,发明或实用新型名称应当体现多个独立权利要求的主题。

例如,某发明专利申请涉及智能终端回铃音业务实现的技术方案,其独立权利要求包括方法权利要求、设备类产品权利要求和系统类产品权利要求,那么该发明名称可以写为"一种实现智能终端回铃音业务的方法、设备及系统"。

下面列举的是比较合适的发明或实用新型名称:一种智能 U 盘;一种图像标定方法与装置;一种数据清洗方法、设备与存储介质;含氧化合物制烯烃工艺反应生成气的预处理方法和设备。

2. 技术领域

技术领域是对专利说明书中记载的技术方案所属领域的归类,是非常重要的专利性审查前提。表 3-3 给出了专利说明书中的技术领域示例。

表 3-3　专利说明书中的技术领域示例

专利名称	专利类型	技术领域
一种新型 U 盘	实用新型	涉及 U 盘技术领域,具体涉及一种新型 U 盘
一种图像识别方法和装置	发明	涉及计算机技术领域,具体涉及一种图像识别方法和装置
一种微信支付的数据清洗方法	发明	涉及一种可应用于 4G 和 5G 的无现金支付的数据清洗方法,具体涉及一种微信支付的数据清洗方法
一种资产评估方法、装置及电子设备	发明	涉及金融评估领域,具体涉及一种资产评估方法、装置及电子设备

3. 背景技术

背景技术主要用于记载与发明创造高度相关的现有技术及其存在的技术问题。有的国家(如美国)规定,说明书的背景技术必须记载发明创造所引证的现有技术文献。我国《专利审查指南》规定,背景技术应当写明对发明或者实用新型的理解、检索、审查有用的背景技术,并且尽可能引证反映这些背景技术的文件,尤其要引证包含发明或者实用新型权利要求书中的独立权利要求前序部分技术特征的现有技术文件,即引证与发明或者实用新型专利申请最接近的现有技术文件。此外,背景技术还要客观地指出现有技术中存在的问题和缺点,但是,仅限于涉及由发明或者实用新型的技术方案所解决的问题和缺点。

图 3-13 给出名称为"一种带有数据加密功能的新型 U 盘"的实用新型专利说明书的背景技术示例。可以看出,该实用新型专利引证了 CN201220645938.5 专利文献作为最接近的现有技术;同时指出,现有技术存在加密芯片单一、安全系数较低,不利于数据存储,并且一旦 U 盘不慎丢失,任何人均可以使用该 U 盘,从而导致数据被窃或泄露等技术问题。

CN 206991357 U　　　　　　　　说　明　书　　　　　　　　1/3 页

一种带有数据加密功能的新型U盘

技术领域

[0001]　本实用新型涉及一种U盘,尤其涉及一种带有数据加密功能的新型U盘。

背景技术

[0002]　作为便携式安全存储设备的代表,U盘是近年来快速发展起来的移动存储设备,由于其容量大,便于携带,且成本较低,得到了迅速的普及和发展。但是,普通U盘的使用是透明的,一旦丢失,存储的所有数据和文件很容易被读出,其方便性与安全性日益暴露出矛盾,这就限制了其在特殊领域或者有安全要求的行业应用。习知的加密U盘(如专利号:201220645938.5揭示的加密U盘)仅具有单一的加密芯片,安全系数较低,不利于数据的存储,并且一旦U盘不慎丢失,任何人均可使用该U盘,容易造成数据被别人剽窃或泄露。

[0003]　有鉴于此,本发明人专门设计了一种带有数据加密功能的新型U盘,本案由此产生。

图 3-13　公开号为 CN206991357U 的实用新型专利说明书的背景技术示例

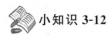 **小知识 3-12**

现有技术是指专利申请日以前在国内外为公众所知的技术,也即公众应当在专利申请日以前想要知道就能够获得的、包含有实质性技术知识的内容。

现有技术公开形式包括出版物公开、使用公开、其他方式公开,其中出版物公开是现有技术公开的主要形式;而网络公开则属于特殊形式的出版物公开,随着网络信息量的不断增大,网络公开的信息量在现有技术中的占比逐年提升。

举例说明,专利申请文件 A 的申请日(若有优先权的,则指优先权日)为 2021 年 12 月31 日,则 2021 年 12 月 31 日(不含)以前在国内外已公开、为公众所知的任何技术。这里所指的技术包括公开文献记载技术、网络公开资源、展会宣传海报展示的产品或技术参数、产品说明书印刷的产品和技术参数、产品发布会公开的技术或产品等。

现有技术必须满足以下三个特性。

（1）公知性：公开方式包括出版物公开、使用公开和以其他方式公开三种。

（2）时效性：公开时间必须在专利申请日（若有优先权的，则指优先权日）以前。

（3）实用性："能够制造或者使用"和能够产生"积极效果"。

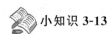 小知识 3-13

说明书中的背景技术记载内容是否都是现有技术？

背景技术记载内容可以属于现有技术，但并不必然属于现有技术。

若有证据证明背景技术记载内容在申请日（有优先权的，则按优先权日）之前已经公开为公众所知，则背景技术记载内容属于现有技术。

若背景技术记载内容在申请日（有优先权的，则按优先权日）之前未公开，即便申请人将其写入背景技术，也不能认为该技术为现有技术。在无效专利时，若将背景技术记载内容作为现有技术，那么应当提供该背景技术记载内容在申请日（有优先权的，则按优先权日）之前已经公开的证据。

4. 发明内容

发明内容用于概要说明为解决背景技术中提出的技术问题所采用的技术方案，以及该技术方案与现有技术相比所具有的有益效果。可以看出，发明内容主要包括本发明或者实用新型的发明目的、技术方案和有益效果。

（1）发明目的应当与"背景技术"部分中指出的现有技术存在的缺陷相对应，发明目的中记载的本发明或者实用新型所要解决的技术问题与现有技术存在的缺陷虽然表述不同，但两者本质上是同一内容。

（2）技术方案一般与权利要求书的实质内容完全一致，当权利要求项数很多时，为节省说明书的篇幅，也存在仅将权利要求书中的独立权利要求以及部分重要的从属权利要求作为技术方案的情况。

（3）有益效果也应当与"背景技术"部分中指出的现有技术存在的缺陷相对应，有益效果的描述更多强调的是"解决现有技术缺陷之后的肯定性结果"。

5. 附图说明

附图说明是对说明书的附图部分的简要说明，或称"一句话说明"。例如"图 1 为本发明实施例的图像标定方法的流程示意图""图 2 为本发明实施例的图像标定系统的结构框图"等。注意，如果说明书没有附图，则无须附图说明。

6. 具体实施方式

具体实施方式是对技术方案的优选和具体实施过程的举例说明。具体实施方式是说明书的重要组成部分，在说明书充分公开技术方案、说明书支撑和解释权利要求书等方面极为重要。换而言之，具体实施方式，应当体现发明创造中解决技术问题所采用的技术方案，对权利要求书记载的技术特征给予详细说明以解释权利要求书。

具体实施方式,一般以若干实施例的形式出现,如实施例一、实施例二,以此类推。

一般而言,具体实施方式以"总一分"方式描述,先描述较为概括的、对应于独立权利要求的实施例;再分别描述较为具体的、下位的各实施例。

"总"实施例是与独立权利要求记载的技术方案对应的实施例,该实施例中的技术特征通常与独立权利要求中包含的技术特征完全一致。在"总"实施例描述中,应当避免下位技术特征涉及的技术方案的记载,仅描述独立权利要求所要求保护的技术方案。

"分"实施例是"总"实施例的下位实施例,各个"分"实施例都应当是一个完整的技术方案,"分"实施例描述的技术方案应当能够提供创造性贡献且有足够充实的内容。

3.3.4 说明书附图

说明书附图是用于进一步解释发明内容的附属图片。对发明专利而言,如果仅用文字表述就能清楚、完整地阐述专利说明书的话,可以不用附图;对实用新型专利而言,必须有附图。附图可以是示意图、流程图、框图、顺序图、数据表图和化学结构式等类型。

 小知识 3-14

一般而言,说明书中涉及的主要流程、工艺、步骤,或者产品结构、构造、组成,或者重要的技术细节、区别于现有技术的技术特征实现等,都会以附图形式加以说明。因此,在查新检索、无效检索实务中,通过检索专利说明书的附图,可以达到快速、有效地检索到目标专利文献的效果。

课后习题

(1)简述我国专利文献种类及其保护年限。

(2)简述优先权制度对创新型企业的实践意义。

(3)简述技术方案与技术特征之间的区别与联系。

(4)简述权利要求书中布局从属权利要求的价值和意义。

(5)美国苹果公司在"手机屏幕滑动解锁"技术领域布局了大量的专利文献,请确定与该技术领域最接近的 IPC 分类号(精确到小类或大组)。

(6)专利说明书由哪几部分构成?在专利侵权判定时,你认为哪个部分被用来界定专利权的保护范围。

(7)小王认为,在撰写专利文献的权利要求书时,从属权利要求可有可无。你觉得这种做法是否可取?

(8)美国苹果公司于 2007 年 4 月 5 日在中国申请了触摸屏多点触控技术的发明专利,该发明专利的权利要求书部分摘录如下。

权利要求(1):一种用于检测在触摸传感器面板的一个或多个触摸像素处的电容变化的电荷放大器,包括:具有反相输入端、正相输入端以及输出端的运算放大器,所述正相输入端耦接到所述一个或多个触摸像素;连接在所述输出端和所述反相输入端之间的反馈电容器,其中所述反馈电容器可编程为具有一定范围的值;和连接在所述输出端和所述反相输入端之间的反馈电阻器，其中所述反馈电阻器可编程为具有一定范围的值。

权利要求（2）：如权利要求（1）所述的电荷放大器，其中所述电荷放大器还包括耦接在所述正相输入端和所述一个或多个触摸像素之间以与所述反馈电阻器和所述反馈电容器结合形成抗混叠滤波器的电阻器。

权利要求（3）：如权利要求（1）所述的电荷放大器，其中所述运算放大器的所述正相输入被耦接到地。

权利要求（4）：如权利要求（1）所述的电荷放大器，还包括用于设置所述反馈电容器的值的寄存器。

权利要求（5）：如权利要求（4）所述的电荷放大器，所述寄存器包括值的查找表，所述查找表被配置成为每个触摸像素提供反馈电容器的值。

请分别指出独立权利要求和从属权利要求，并指出独立权利要求的前序部分和特征部分，以及从属权利要求的引用部分和限定部分。

（9）以下是云从科技集团股份有限公司于 2021 年 7 月 5 日申请的名称为"数据清洗方法、装置及计算机存储介质"的专利说明书的权利要求书的部分摘取，请简述各项权利要求之间的引用关系。

权利要求（1）：一种数据清洗方法，其特征在于，包括获取原始数据清洗规则和目标数据清洗规则；原始数据清洗步骤，根据所述原始数据清洗规则针对原始数据结构中的原始数据执行清洗，获得包括目标数据的目标数据结构；目标数据清洗步骤，根据所述目标数据结构和所述目标数据清洗规则，若所述目标数据结构中存在与所述目标数据清洗规则相吻合的所述目标数据，根据所述目标数据清洗规则针对与之相吻合的所述目标数据执行清洗，并重复执行所述目标数据清洗步骤，直至所述目标数据结构中不存在与所述目标数据清洗规则相吻合的所述目标数据为止。

权利要求（2）：根据权利要求（1）所述的数据清洗方法，其特征在于，所述目标数据结构包括一次清洗数据结构，所述原始数据清洗规则至少包括原始数据校验子规则和原始数据映射子规则；其中，所述原始数据清洗步骤包括：根据所述原始数据校验子规则，校验所述原始数据结构；根据所述原始数据映射子规则，针对经校验后的所述原始数据结构执行映射，获得所述一次清洗数据结构。

权利要求（3）：根据权利要求（2）所述的数据清洗方法，其特征在于，所述原始数据校验子规则用于定义所述原始数据结构中各原始字段对应的各字段名和各字段类型；根据所述原始数据校验子规则，校验所述原始数据结构包括针对各所述原始字段对应的各所述字段名执行存在性校验，针对各所述原始字段对应的各所述字段类型执行字段类型校验，针对各所述原始字段对应的各字段值执行值校验，针对各所述原始字段对应的各字段值执行唯一性校验中的至少一个。

权利要求（4）：根据权利要求（3）所述的数据清洗方法，其特征在于，所述原始数据映射子规则用于定义所述原始数据结构中各所述原始字段与所述目标数据结构中各目标字段之间的映射关系；根据所述原始数据映射子规则，针对经校验后的所述原始数据结构执行映射，获得所述一次清洗数据结构包括根据所述原始数据映射子规则，将经校验后的各所述原始字段映射至对应的各所述目标字段,以获得所述一次清洗数据结构。

权利要求(5):根据权利要求(4)所述的数据清洗方法,其特征在于,所述原始数据映射子规则还定义有所述原始数据结构中各所述原始字段对应的各存储位置信息。所述方法还包括根据所述存储位置信息,自所述原始数据结构中获取与所述存储位置信息对应的所述原始字段的字段名或字段值,据以填充所述一次清洗数据结构中的所述目标字段的字段名或字段值。

权利要求(6):根据权利要求(4)所述的数据清洗方法,其特征在于,所述目标数据结构还包括二次清洗数据结构,所述目标数据清洗步骤还包括根据所述一次清洗数据结构和所述目标数据清洗规则,若所述一次清洗数据结构中存在与所述目标数据清洗规则相吻合的所述目标数据,获得所述一次清洗数据结构需清洗的分析结果,若所述一次清洗数据结构中不存在与所述目标数据清洗规则相吻合的所述目标数据,获得所述一次清洗数据结构无须清洗的分析结果;其中,若所述一次清洗数据结构需清洗,根据所述目标数据清洗规则,针对所述一次清洗数据结构中与之相吻合的所述目标数据执行清洗;若所述一次清洗数据结构无须清洗,结束所述目标数据清洗步骤并输出所述第一清洗数据结构。

权利要求(7):根据权利要求(6)所述的数据清洗方法,其特征在于,所述目标数据清洗规则至少包括目标数据校验子规则;其中,所述根据所述目标数据清洗规则针对所述一次清洗数据结构中与之相吻合的所述目标数据执行清洗包括根据所述目标数据校验子规则,校验所述一次清洗数据结构中与之相吻合的所述目标字段;其中,所述一次清洗数据结构的校验步骤与所述原始数据结构的校验步骤相同。

权利要求(8):根据权利要求(7)所述的数据清洗方法,其特征在于,所述目标数据清洗规则还可选择性地包括目标数据映射子规则;其中,在校验所述一次清洗数据结构中与之相吻合的所述目标字段的步骤之后,所述方法还包括查询所述目标数据清洗规则中的所述目标数据映射子规则;若未查询到所述目标数据映射子规则,结束所述目标数据清洗步骤并输出校验后的所述第一清洗数据结构;若查询到所述目标数据映射子规则,根据所述目标数据映射子规则,针对经校验后的所述一次清洗数据结构执行映射,以获得二次清洗数据结构;其中,所述一次清洗数据结构的映射步骤与所述原始数据结构的映射步骤相同。

权利要求(9):根据权利要求(8)所述的数据清洗方法,其特征在于,所述方法还包括根据所述目标数据清洗规则和所述二次清洗数据结构,获得所述二次清洗数据结构须清洗或无须清洗的判断结果;其中,获取所述二次清洗数据结构须清洗或无须清洗的判断结果的步骤与获取所述一次清洗数据结构须清洗或无须清洗的判断结果的步骤相同;且其中,当获取所述二次清洗数据结构须清洗的分析结果时,所述二次清洗数据结构清洗步骤与所述一次清洗数据结构清洗步骤相同。

(10)根据第9题中给出的权利要求项,请写出与权利要求(1)具有单一性的装置权利要求项和计算机存储介质权利要求项。

(11)某发明人检索到现有技术中的椅子虽然在扶手处设置有写字板,但写字板与椅子扶手是固定连接,无法将写字板在非使用状态时收起,从而导致椅子正前方空间变小,用户使用椅子不方便。因此,发明人提出一种技术方案,将写字板与扶手翻转连接,以使写字板在非使用状态时可以沿扶手转轴翻转收起,从而使椅子正前方空间不受影响。发明人撰写的独立权利要求如下:一种椅子,其特征在于,所述椅子包括支架、椅座、靠背、扶手、写字板和轮子,所述写字板与所述扶手翻转连接,所述轮子设置于所述支架底部。

请你从独立权利要求中的"必要技术特征"的定义出发,指出该独立权利要求中的非必要技术特征,并完善该独立权利要求。

第 **4** 章

专利检索策略

专利检索策略构建是专利检索的核心所在,专利检索策略的好坏决定了专利检索的成败。如果说检索要素的表达构成了专利检索策略的基石,那么截词符和各种算符的应用又构成了检索要素表达的基石。本章将以索意互动的 Patentics 数据库为例,详细阐述构成专利检索要素表达基石的截词符和各种算符,并在此基础上详细阐述专利检索步骤。

 ## 4.1 检 索 算 符

全面性和准确性是评价专利检索效果的两个重要指标。全面性是指专利检索结果应当尽可能全面、完整、不遗漏目标专利文献;准确性是指专利检索结果应当与检索目标高度吻合、准确度达到检索预期。毫无疑问,截词符和各种算符是确保检索全面性和准确性的重要手段。利用截词符和各种算符,再结合不同的检索字段,就能高效、准确地找到目标文献。

4.1.1 截词符

截词符又被称为通配符。在表达检索要素时,某些单词不确定或无法表达穷尽时,这时就需要借助截词符来解决。

例如,若要表达"编码"相关的英文检索要素,如果不借助于截词符,可能需要构建"encoder""encoders""encoding"和"encodes"等关键词;如果借助于截词符,只要表达为"encod $ $ $"或"encod * "就可以了。

表 4-1 列出了 Patentics 数据库的截词符、含义及示例。应当注意,Patentics 数据库中的截词符仅限英文单词使用,在输入时应切换至英文半角格式。在应用截词符表达检索要素时,需要特别注意截词符的应用可能会引入噪声。例如,"text" or "texts" or "texting",用"text * "表达的同时,也引入诸如"texture""textures"等噪声。

表 4-1　Patentics 数据库的截词符、含义及示例

截词符	含　　义	示　　例
?	1 个字符通配符,可用在任意位置	"test" or "text",用"te? t"表达
$	0~1 个字符通配符,可用在任意位置	"image" or "images",用"image $"表达
*	0~N 个字符通配符,可用在任意位置	"test" or "testing",用"test * "表达

案例 4-1

如何应用截词符将引入的噪声尽可能消除?

若噪声与目标检索要素的字符数不同,则可以通过特定数量的"?"或"$"解决;若噪声数量很少且能快速枚举出来,则可以使用逻辑算符 not 解决;除此,还可以通过分类号检索加以过滤。

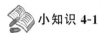 **小知识 4-1**

几乎所有的检索数据库都会提供截词符工具。截词符一般用于英文单词检索,最典型的用法是,在所有的英文单词的词尾加上截词符,以涵盖该英文单词的单复数形式。例如,image$,目标是检索 image 和 images。中文单词一般不用截词符,因为中文数据库中没有"词"的概念,只有"字"的概念。

4.1.2　布尔算符、同在算符、邻近算符

1. 布尔算符

布尔算符又称布尔逻辑算符,是对两个或两个以上的关键词进行的布尔逻辑运算表达,表 4-2 列出了 Patentics 布尔算符的名称、含义及说明。

表 4-2　Patentics 布尔算符的名称、含义及说明

布尔算符	含　义	说　　明
AND	逻辑"与"运算	A AND B,获取 A 和 B 的交集部分,运算结果中同时包括 A 和 B
OR	逻辑"或"运算	A OR B,获取 A 和 B 的并集部分,运算结果中包括 A 或者包括 B
ANDNOT	逻辑"异或"运算	A ANDNOT B,从 A 中去除 B 的部分,运算结果中包括 A 但不包括 B

在专利检索实务中,AND 算符常用于连接两个或者两个以上的关键词以缩小检索范围,使得检索结果更加精准;OR 算符常用于合并两个或者两个以上的关键词以扩展检索结果,使得检索结果更加全面;ANDNOT 算法常用于将检索结果中的噪声排除掉,以达到数据清洗的目的。

 案例 4-2

检索权利要求书中与"云"技术相关并且包含"秘钥""私钥""钥"等与加密技术相关的国内专利文献,如何利用布尔算符构建检索关键词?

方法 1:(云计算 OR 云存储 OR 云迁移)AND(秘钥 OR 私钥 OR 公钥)

方法 2:(云)AND(秘钥 OR 私钥 OR 公钥)ANDNOT(云台 OR 云梯)

如果题干改为检索全球专利文献,想一想如何重构上述检索策略。

2. 同在算符

同在算符是对两个或两个以上的关键词处在同一个句子或段落中的逻辑表达。与 AND算符相比,同在算符的限定条件更加严格,检索范围更小,表 4-3 列出了 Patentics 同在

算符的名称、含义及说明。

表 4-3　Patentics 同在算符的名称、含义及说明

同在算符	含 义	说 明
nw	区分位置的句同在算符	"A nw B"：表示 A 和 B 出现在同一个句子中，且 A 出现在 B 之前； "A nw B nw C"：表示 A、B 和 C 出现在同一个句子中，且 A 出现在 B 之前，B 出现在 C 之前
nwn	不区分位置的句同在算符	"A nwn B"：表示 A 和 B 出现在同一个句子中，且不区分 A 和 B 在句子中的前后位置； "A nwn B nwn C"：表示 A、B 和 C 出现在同一个句子中，且不区分 A、B 和 C 在句子中的前后位置
np	区分位置的段同在算符	"A np B"：表示 A 和 B 出现在同一个段落中，且 A 出现在 B 之前； "A np B np C"：表示 A、B 和 C 出现在同一个段落中，且 A 出现在 B 之前，B 出现在 C 之前
npn	不区分位置的段同在算符	"A npn B"：表示 A 和 B 出现在同一个段落中，且不区分 A 和 B 在段落中的前后位置； "A npn B npn C"：表示 A、B 和 C 出现在同一个段落中，且不区分 A 和 B 在段落中的前后位置

注意：Patentics 同在算符必须在双引号中使用。

案例 4-3

某目标专利的说明书实施例截取如下。

本发明实施例的图像标定方法，包括：

步骤 100：建立伺服摄像机的初始位置。

初始位置的约束参数类型包括伺服摄像机的光轴的水平基准角度、垂直基准角度、基准放大倍数以及光轴与视频采集区域相交交点的坐标。初始位置可以保证采集的视频图像中任意局部内容都可以以放大状态呈现在视场的中央位置。

步骤 200：……

在检索策略构建时，如果使用 AND 算符在说明书中构建 SPEC/(图像 AND 放大 AND 中央位置) 的检索式时，会出现大量的检索结果。为了提高检索效率，缩小检索范围，可以将检索式改为 SPEC/(图像 nw 放大 nw 中央)，利用同在算符 nw 就可以快速获取上述目标专利。

3. 邻近算符

邻近算符是对两个或两个以上的关键词处在同一个句子邻近位置的逻辑表达。与同在算符相比，邻近算符的限定条件更加严格，检索范围也更小，表 4-4 列出了 Patentics 邻近算符的名称、含义及说明。

表 4-4　Patentics 邻近算符的名称、含义及说明

邻近算符	含 义	说 明
adj/	区分位置的邻近算符，支持多词连用	"A adj/3 B"：表示 A 和 B 之间间隔不超过 3 个中文字或英文单词，且 A 出现在 B 之前； "A adj/3 B adj/3C"：表示 A、B 和 C 依次相邻，且 A 和 B 之间间隔不超过 3 个中文字或英文单词，且 B 和 C 之间间隔不超过 3 个中文字或英文单词

续表

邻近算符	含　义	说　　明
adjn/	不区分位置的邻近算符，仅支持两个词的运算	"A adjn/3 B"：表示 A 和 B 之间间隔不超过 3 个中文字或英文单词，且 A 和 B 的位置可互换
equ/	区分位置的邻近算符，支持多词连用	"A equ/3 B"：表示 A 和 B 之间间隔 3 个中文字或英文单词，且 A 出现在 B 之前； "A equ/3 B equ/5 C"：表示 A、B 和 C 依次相邻，且 A 和 B 之间间隔 3 个中文字或英文单词，且 B 和 C 之间间隔 5 个中文字或英文单词

注意：Patentics 邻近算符必须在双引号中使用。

例如：检索式"TTL/(终端 adj/2 检测)"表明，检索标题字段中包含中文关键词"终端""检测"，且中文关键词"终端"在先、"检测"在后，且中文关键词"终端"与"检测"之间间隔的汉字数不超过 2 个的所有中国专利文献，检索结果如图 4-1 所示。

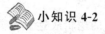

图 4-1　中文关键词邻近算符检索结果示例

检索式"TTL/(terminal\$ adj/2 detect＊)"表明，检索标题字段中包含英文关键词"terminal\$"和"detect＊"，且英文关键词"terminal\$"在先、"detect＊"在后，且英文关键词"terminal\$"与"detect＊"之间间隔的英文单词数不超过 2 个的所有国外专利文献，检索结果如图 4-2 所示。

小知识 4-2

邻近算符常用于将包含多个字的关键词进行扩展，或者对同在算符检索结果作进一步限定的场景。例如包含多个字的关键词为"电池充电"，为了扩大检索范围，可以将其修正为"电池 adj/5 充电"，这样检索结果就涵盖了如"电池循环充电""电池多次循环充电""池放电和充电""电池经常性进行充电"等专利文献。再如，要检索 X 射线相关的外文专利文献，考虑到外文专利文献中可能会出现"Xray""X-ray""X ray"等不同的表达，这时就可以构建表达式"X adj/1 ray"。

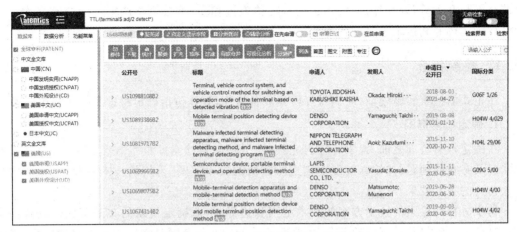

图 4-2 英文关键词邻近算符检索结果示例

4.1.3 模糊算符

模糊算符是对拼法相近或相似的关键词的表达,用"～"表示。例如,"road～"可以表示诸如"load""read""rod""head"等。

 案例 4-4

1. 检索目标

一种高频噪声掩蔽方法,包括以下步骤:实时采集电机的高频噪声信号,根据该高频噪声信号产生掩蔽曲线函数和信号频谱数据;将该掩蔽曲线函数转换为掩蔽声信号;基于信号频谱数据从背景声数据库中选择背景声;将该掩蔽声信号与该背景声合成后输出。

2. 检索分析

检索目标涉及一种高频噪声掩蔽方法,检索时应当重点理解方法涉及的具体步骤内容,并提取相应的关键词。从检索目标描述可以看出,"高频噪声""掩蔽""背景声"构成了技术方案的关键内容,因此,在权利要求书或说明书中构建检索式:SPEC/(高频噪声 AND 掩蔽 AND 背景声),检索结果为 2 篇专利文献。

若以同在算符构建检索策略,则可以在权利要求书或说明书中构建:SPEC/(高频噪声 nwn 掩蔽 nwn 背景声),检索结果为 1 篇与本技术方案高度相似的专利文献 CN108461078。

以上主要是针对 Patentics 数据库的各种算符介绍,其他数据库可能还有关系算符、频次算符等,具体请参考各数据库的官网帮助文档。

4.2 检索基本策略

为满足专利检索的全面性和准确性指标,专利文献的检索策略通常应当包括检索准备、检索实施、对比分析判断、检索策略调整、检索终止等环节。在专利检索实务中,虽然检索策略调整不是必需的,但却经常会涉及,而且在检索过程中,检索策略调整可能会有多次。下面将详细阐述专利检索策略的各环节。

4.2.1　检索准备

在正式的检索实施之前,应当做好检索准备工作,具体包括确定检索范围和初步检索。

1. 确定检索范围

在确定检索范围之前,检索者应当完整、充分理解待检索的技术方案,重点了解现有技术状况及存在的问题、待检索的发明创造所解决的技术问题、采用的技术手段(具体的实施例)、达到的技术效果等信息。

初步分析待检索的技术方案的技术范围和边界,由此确定检索的文献范围。确定检索范围是检索实施之前最重要的环节,因为明确检索的文献范围是制定检索策略的依据,对顺利检索到恰当的文献至关重要。

对于专利查新检索而言,通常需要根据待检索的技术方案的保护范围(即权利要求书)确定检索的文献范围,而且该技术方案中的所有技术特征均应当予以考虑。如果这些技术特征起到了实质性的限定作用,那么这些技术特征的集合便构成了检索范围。

 案例 4-5

1. 检索目标

一种功率模块包括:第一绝缘介质基板,其上表面具有第一导电层;至少一个功率半导体芯片,所述功率半导体芯片贴设于所述第一绝缘介质基板的上表面上,与所述第一导电层形成电气连接;绝缘层覆盖于所述第一绝缘介质基板上,将所述功率半导体芯片包覆在内,所述绝缘层开设有位于所述功率半导体芯片上方的通孔,且所述通孔内填充有与所述功率半导体芯片电气连接的导电物质;第二导电层,设置于所述绝缘层之上,所述第二导电层通过所述导电物质与所述功率半导体芯片电气连接。

2. 检索分析

在待检索的技术方案中,"绝缘基板""导电层""设在绝缘基板上表面的功率半导体芯片""包覆功率半导体芯片的绝缘层,开设有位于功率半导体芯片上方的通孔,通孔填充有导电物质,导电物质与功率半导体芯片电气连接""设置在绝缘层之上的导电层通过导电物质与功率半导体芯片电气连接"等技术特征的集合构成了检索范围。换句话说,检索范围应当包括这些技术特征。

此外,还应当注意,独立权利要求相较于从属权利要求的保护范围更大,技术特征更少。因此,专利查新检索时,应当首先从独立权利要求的保护范围出发,确定检索范围。

2. 初步检索

初步检索是对待检索的技术方案中的关键技术特征进行"管中窥豹"式的检索,不要求检索的全面性,只要求获取与技术方案相关的分类号和关键词等信息。表 4-5 列出了初步检索的常见内容以供参考。初步检索的策略和方法与正式实施的检索不同,初步检索通常通过发明名称进行关键词检索,或通过发明人、申请人等字段进行先前公开和引证检索,而不涉及对多个字段的联合检索。

表 4-5 初步检索的常见内容

序号	常见检索内容
1	检索并获取与技术方案相关的专利分类号
2	检索并获取与技术方案相关的检索关键词
3	检索该技术方案的申请人或发明人先前公开的相关专利文献和非专利文献
4	检索该技术方案的申请人或发明人引用的相关专利文献和非专利文献

4.2.2 检索实施

1. 确定检索要素

在待检索的技术方案中,所有与技术特征相关的关键词都可以作为检索要素。换句话说,能够体现待检索的技术方案的基本构思的关键词,都可以是基本检索要素。如果待检索的技术方案是一项权利要求,那么基本检索要素可以从权利要求的前序部分和特征部分中提取。

(1)前序部分一般包括发明创造的名称,该名称一般体现了权利要求的技术内容,那么从该名称中提取到的关键词就可以作为基本检索要素。有时,前序部分还包括本发明创造不可缺少的现有技术,那么,从该现有技术中提取到的关键词也可以作为基本检索要素。

(2)特征部分一般包括发明创造区别于现有技术的所有必要技术特征,从这些必要技术特征中提取的关键词也可以作为基本检索要素。

应当注意,基本检索要素既可以是直接出现在权利要求书中的关键词(如案例 4-6),也可以是权利要求中的技术特征经过简单概括后的关键词(如案例 4-7)。

 案例 4-6

某发明专利的独立权利要求如下。

一种图像标定方法,包括:通过视频图像中运动物体位置与采集视频图像的伺服摄像机基准位置间的欧氏距离作为权重参数修正运动方向,形成运动物体的实时标定参数。

检索分析如下。

在上述独立权利要求中,前序部分"一种图像标定方法"为发明专利的名称,同时该名称也充分体现了该权利要求的技术内容。因此,可以从前序部分"一种图像标定方法"中提取"图像""标定"等关键词作为基本检索要素。

特征部分"通过视频图像中运动物体位置与采集视频图像的伺服摄像机基准位置间的欧氏距离作为权重参数修正运动方向,形成运动物体的实时标定参数"包括了该发明区别于现有技术的所有必要技术特征:"通过视频图像中运动物体位置与采集视频图像的伺服摄像机基准位置间的欧氏距离作为权重参数修正运动方向"和"修正后的运动方向形成运动物体的实时标定参数"。因此,可以从特征部分中提取"基准位置""欧氏距离""正运动方向""实时标定参数"等关键词作为基本检索要素。

综上所述,基本检索要素包括"图像""标定""基准位置""欧氏距离""修正运动方向""实时标定参数"。

案例 4-7

某实用新型专利的独立权利要求如下。

一种情景式智能机器人，包括外壳和内置于外壳的电路板，其特征在于所述电路板包括处理器、与所述处理器均电连接的语音采集器、语音编码器、数据通信单元和显示屏，所述数据通信单元通过无线网络与内置情境词库的远端服务器连接，所述显示屏嵌入所述外壳内部且所述显示屏外表面与所述外壳外表面齐平。

检索分析如下。

在上述独立权利要求中，前序部分除了包括体现技术内容的实用新型名称"一种情景式智能机器人"以外，还包括实施本实用新型技术方案不可或缺的现有技术特征"包括外壳和内置于外壳的电路板"。因此，从前序部分提取"机器人""外壳""路板"等关键词作为基本检索要素。

再从特征部分中提取"处理器""语音采集器""语音编码器""数据通信单元""显示屏""无线连接服务器""表面齐平"等关键词作为基本检索要素。

综上所述，基本检索要素包括"机器人""外壳""电路板""处理器""语音采集器""语音编码器""数据通信单元""显示屏""无线连接服务器""表面齐平"。

2. 选择检索数据库

"工欲善其事，必先利其器。"在专利检索工作中，选择合适的文献检索数据库至关重要，一个合适的文献检索数据库可以使得检索效率成倍提升。

表 4-6 列出了常见的文献检索数据库及其特点，可以供检索者按需选用。除了表 4-6 列出的检索数据库以外，还有各国知识产权管理部门的官方网站，这些网站都有专利检索入口，特别是欧洲专利局的检索入口，除了提供专利文献外，还有专利审查等过程性文献，有时这类文献对专利检索也有非同寻常的意义。

表 4-6 常见的文献检索数据库及其特点

序号	名 称	特 点
1	索意互动(Patentics)	收费，在智能语义检索功能方面具有竞争优势
2	佰腾(Baiten)	部分免费(法律检索)，仅提供截词符，没有提供邻近算符
3	大为(Innojoy)	部分免费(法律检索)，提供 DPI 大为专利指数
4	国家知识产权出版社(cnipr)	部分免费(基础检索)，收录的国内专利的速度最快
5	智慧芽(PatSnap)	收费，在生物医药领域的专利检索具有竞争优势
6	合享新创(IncoPat)	收费，在专利分析、可视化、法律检索等方面具有竞争优势
7	Questel Orbit	收费，在外文专利文献检索方面具有竞争优势
8	Innography	收费，在专利与财务数据、商标信息、诉讼信息以及非专利文献之间的多维度关联分析具有竞争优势
9	Google Patents	免费，在关键词补充检索方面具有竞争优势
10	3GPP	免费，在通信标准提案和建议方面具有领先优势
11	IEEE	免费，在工程技术领域具有最完整、最具价值的数字在线资源
12	ACM	免费，在计算机工程领域具有领先的数字在线资源
13	CNKI	收费，在中文文献领域具有最全面的数字在线资源

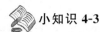 **小知识 4-3**

在做外观设计的无效检索时,应当充分重视诸如淘宝、京东、亿贝、亚马逊等大型购物平台,因为在这些平台中有海量的商品图片和视频,可以从中快速筛选出与待无效的外观设计相关的在线资源;此外,还可以关注待无效的外观设计专利权人发布的产品路演、说明会、官方视频或文件,参加过的博览会、展览会的官方网站或宣传册,从中也可能会发现外观设计申请日以前的相关信息,以用于无效外观设计。

3. 表达检索要素

检索要素的表达通常从关键词、分类号等方面进行表达。

对于关键词表达,应当从形式、意义和角度三个维度进行完善。关键词在形式上完善,体现在关键词的各种拼写方式、不同词性等的完整表达;关键词在意义上完善,体现在同义词、近义词、技术术语、口语、上下位概念等的扩展表达;关键词在角度上完善,体现在要解决的技术问题、采用的技术方案、达到的技术效果等方面的用词表达。

 案例 4-8

根据以下权利要求记载的技术方案,表达检索要素。

一种节约型墨水瓶,包括墨水瓶本体,其特征在于:所述墨水瓶本体的上端螺纹连接有瓶盖,所述瓶盖的内部套接有密封垫,所述密封垫搭接在墨水瓶本体的上表面,所述墨水瓶本体的表面套接有防滑橡胶套。

分析:在上述权利要求的技术方案中,根据"确定检索要素"的步骤,可以提取出基本检索要素的关键词包括"墨水瓶本体""瓶盖""螺纹连接""密封垫""橡胶套"。为了确保关键词在形式上完善,关键词可以表达为"墨水瓶本体""bottle \$""瓶盖""cap \$""螺纹连接""threaded connection \$""密封垫""gasket \$""seal \$ \$""橡胶套""rubber sheath \$"等;为了确保关键词在意义上完善,关键词可以表达为:"墨水瓶本体""容器""空腔""容纳墨水的装置""瓶盖""盖子""封口""螺纹连接""卡扣连接""密封垫""密封圈""密封条""橡胶套""防滑套"等;为了确保关键词在角度上完善,关键词可以表达为:"墨水瓶本体""瓶盖""螺纹连接""紧固连接""密封连接""密封垫""防漏""防溢出""防渗""橡胶套""防滑""防脱落""防坠"等,如表 4-7 所示。

表 4-7 关键词表达示例

关键词	形式上完善	意义上完善	角度上完善
墨水瓶本体	bottle \$	容器、空腔、容纳墨水的装置	—
瓶盖	cap \$	盖子、封口	—
螺纹连接	threaded connection \$	卡扣连接	紧固连接、密封连接
密封垫	gasket \$、seal \$ \$	密封圈、密封条	防漏、防溢出、防渗
橡胶套	rubber sheath \$	防滑套	防滑、防脱落、防坠

对于分类号表达,一般都会包括 IPC 分类号,此外根据检索要求还会包括 US 分类号、EC 分类号、FI/F-Term 分类号等。例如,待检索的技术领域领先的国家为美国和日本,那么除 IPC 分类号以外,应当包括 US 分类号和 FI/F-Term 分类号;如果检索范围限定在澳大利

亚的专利文献,那么应当包括 US 分类号和/或 EC 分类号。

在确定了关键词和分类号及其表达之后,检索者可以构建如表 4-8 所示的检索要素表。

表 4-8　检索要素表

检索主题				
检索数据库				
表 达 形 式		检索要素		
		基本检索要素 1	基本检索要素 2	基本检索要素 3
关键词	中文			
	英文			
分类号	IPC			
	US			
	其他分类号			

　练习

发明名称为一种快速奶嘴体温计,该发明基于的现有技术是具有如下特征的奶嘴体温计:具有奶嘴头、感温装置、控制组件、显示屏幕等,但其存在的问题是感温装置的温度敏感元件不外露,造成测量时间长且结构复杂,而这些技术问题正是本发明所要解决的。通过将温度敏感装置的探测头凸露在奶嘴头外侧,从而提高导热速度,进而提高测量效率,且简化了产品结构。

该发明的独立权利要求如下。

一种快速奶嘴体温计,其特征在于,包括:一个罩体,该罩体一端延伸有一个奶嘴头,另一端设有一控制组件及一个显示屏,所述控制组件与一镶嵌奶嘴头内的感温装置呈一温度传导关系,且该感温装置包含有一个探测头,该探测头部分凸露在奶嘴头外侧。

请根据以上信息,构建如表 4-8 所示的检索要素表。

4. 构建检索式

构建检索式就是将表达的检索要素用各种算符连接之后赋给检索字段。Patentics 中常见的检索字段如表 4-9 所示。

表 4-9　Patentics 中常见的检索字段

字 段	名 称	字 段 说 明	检索式示例
R/	语义排序	根据输入的词、句子、段落、文章或者专利号,对检索结果进行排序,优先级低于布尔检索命令	R/CN201710189932.9
TTL/	标题	专利标题包含的关键词	TTL/CDMA,TTL/(智能 AND 制冷)
ABST/	摘要	专利摘要包含的关键词,可以缩写为 AB/	ABST/CDMA,AB/CDMA
ACLM/	权利要求	专利权利要求包含的关键词	ACLM/CDMA,ACLM/(智能 AND 制冷)
A/	标题或摘要或权利要求	标题或摘要或权利要求中含有的关键词	A/CDMA
IPC/	国际分类号	专利技术所属的国际专利分类号	IPC/H04N5/232

例如,将案例 4-8 中的关键词"墨水瓶本体""瓶盖""螺纹连接""密封垫""橡胶套"赋给权利要求,则可以构建如下检索式:

ACLM/(墨水瓶本体 AND 瓶盖 AND 螺纹连接 AND 密封垫 AND 橡胶套)

如果将形式、意义、角度完善后的关键词赋给权利要求,则可以构建如下检索式:

ACLM/((墨水瓶本体 OR BOTTLE$ OR 容器 OR 空腔 OR 容纳墨水的装置) AND (瓶盖 OR CAP$ OR 盖子 OR 封口) AND (螺纹连接 OR 卡扣连接 OR 紧固连接 OR 密封连接) AND (密封垫 OR GASKET$ OR SEAL$$ OR 密封圈 OR 密封条 OR 防漏 OR 防溢出 OR 防渗) AND (橡胶套 OR "RUBBER SHEATH$" OR 防滑套 OR 防滑 OR 防脱落 OR 防坠))

5. 浏览检索结果

对构建的检索式进行检索,便获得检索结果。例如,检索所有标题名称与"会计收纳柜"相关的国内专利,构建如下检索式:

TTL/((财务 OR 会计 OR 财会) AND (收纳柜))

获得的检索结果页面如图 4-3 所示,一共检索到 42 篇专利文献。可以看出,图 4-3 所示的检索结果页面还提供了四种浏览模式:列表、图文、附图、专注。检索结果默认以列表浏览模式呈现,并且在检索式中出现的关键词都以不同颜色高亮显示,便于检索者快速浏览检索结果。检索者如果想详细地阅读某篇专利文献,可以单击结果列表项。

图 4-3 标题字段 TTL/检索结果示例

此外,如果检索者想重点查阅专利文献附图,可以将浏览模式切换到附图模式;如果检索者想同时浏览专利文献的附图和摘要,则可以将浏览模式切换到图文模式;如果检索者专注于专利文献的附图、摘要、著录项、分类号等信息,则可以将浏览模式切换到专注模式。

小知识 4-4

在外观设计无效检索时,一般通过浏览附图就可以检索到对比文件,浏览模式建议切换到附图模式;在以保护产品结构为主的发明或实用新型的无效检索时,浏览附图和/或相应的文字说明将有助于快速检索到对比文件,浏览模式建议切换到附图模式或图文模式。

当浏览检索结果发现检索到的专利文献明显不相关,或者专利文献数量明显偏少时,应当及时调整检索策略(包括检索要素及其表达、检索式等)。

4.2.3　对比分析判断

对需要进行专利性分析的检索(如查新检索、稳定性检索等)来说,还需要将检索结果与待检索的技术方案中的技术特征进行逐条对比分析,并判断待检索的技术方案是否具备专利性。

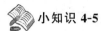 小知识 4-5

专利性是专利满足授权条件的"三性",即新颖性、创造性和实用性。

我国 2020 年修订的《中华人民共和国专利法》规定如下。

(1) 新颖性是指该发明或者实用新型不属于现有技术;也没有任何单位或者个人就同样的发明或者实用新型在申请日以前向国务院专利行政部门提出过申请,并记载在申请日以后公布的专利申请文件或者公告的专利文件中。例如:某发明或实用新型的申请日为 2021 年 9 月 1 日,如果在该申请日以前,检索不到同样的发明或实用新型,那么就认为该发明或实用新型具备新颖性。

(2) 创造性是指与现有技术相比,该发明具有突出的实质性特点和显著的进步,该实用新型具有实质性特点和进步。例如:某发明专利申请的技术方案为技术特征 A+B+C,若没有检索到现有技术中有且仅有技术特征 A+B+C,那么该发明专利申请具备新颖性;若检索到的现有技术 I 中仅包含技术特征 A+B,同时检索到的现有技术 II 中包含技术特征 C,且 C 在现有技术 II 中所起作用与在该发明专利申请中所起作用相同,那么就认为该发明专利申请不具备创造性;若现有技术 II 中虽然包含了技术特征 C,但 C 在现有技术 II 中所起作用与在该发明中所起作用不同,那么就认为该发明专利申请具备创造性。

(3) 实用性是指该发明或者实用新型能够制造或者使用,并且能够产生积极效果。一般而言,只要专利技术不违背自然规律,几乎都满足实用性要求。因此,专利性主要体现在新颖性和创造性。

为了能够进行客观地分析判断,可以列出技术特征对比表,将待检索的技术方案(通常为权利要求)中的每个技术特征与检索到的现有技术中对应的特征进行逐一对比,从而可以清晰地对新颖性和创造性进行分析判断。

 案例 4-9

待检索的技术方案为一项权利要求 H 如下。

一种功率模块,其特征在于,包括:第一绝缘介质基板,其上表面具有第一导电层;至少一个功率半导体芯片,所述功率半导体芯片贴设于所述第一绝缘介质基板的上表面,与所述第一导电层形成电气连接;绝缘层,覆盖于所述第一绝缘介质基板上,将所述功率半导体芯片包覆在内,所述绝缘层开设有位于所述功率半导体芯片上方的通孔,且所述通孔内填充有与所述功率半导体芯片电气连接的导电物质;第二导电层,设置于所述绝缘层之上,所述第二导电层通过所述导电物质与所述功率半导体芯片电气连接。

检索到两篇对比文件 US20150223320A1 和 CN104900609A,其与待检索的技术特征对比表如表 4-10 所示。

表 4-10 技术特征对比表示例

待检索的技术特征	US20150223320A1	CN104900609A
一种功率模块,其特征在于,包括: 第一绝缘介质基板,其上表面具有第一导电层	Claim 1: A printed circuit board assembly, comprising a printed circuit board having at least one conductive layer supported by a substrate layer, and... Detailed Description [0020]: A first core layer 12 supporting a first conductive layer 14 on its upper side and a second conductive layer 16 on its lower side is provided. The first core layer 12 is made from an insulating material, e. g. a plastics material or a plastics/fiber composite as commonly used for substrates of printed circuit boards	权利要求1: 一种封装结构,包含:绝缘层,具有至少一个第一导电通孔及至少一个第二导电通孔…… 说明书[0076]: 绝缘散热层30设置于第二导电层13的外部表面上面包覆第二导电层13,且与散热装置31相接
至少一个功率半导体芯片,所述功率半导体芯片贴设于所述第一绝缘介质基板的上表面上,与所述第一导电层形成电气连接	Detailed Description [0022]: As shown in FIG. 2A, only the bottom side of the power semiconductor device 20 is embedded by the core layer 12 via conductive layer 14 and solder/adhesive 22	权利要求1: 一种封装结构,包含……至少一个电子组件……
绝缘层,覆盖于所述第一绝缘介质基板上,将所述功率半导体芯片包覆在内,所述绝缘层开设有位于所述功率半导体芯片上方的通孔,且所述通孔内填充有与所述功率半导体芯片电气连接的导电物质	Detailed Description [0023]: Laminating layer 18 is stacked on top of first core layer 12, thus contacting the conductive layer 14 supported by core layer 12. Laminating layer 18 has the configuration of a prepreg made of a prepreg material as typically used in manufacturing of semiconductor packages... Detailed Description [0026]: ...a number of vias 32 may be provided in the substrate layer of the PCB to establish such electrical and/or thermal connections. The vias 32 may be formed by plating or filling conductive material, e.g. copper, into blind holes drilled into the substrate material formed by the laminating layer 18 and the second core layer 24	权利要求1: 一种封装结构,包含:绝缘层,具有至少一个第一导电通孔及至少一个第二导电通孔…… 说明书[0062]: 第二导电层13设置于绝缘层10的底面102上。 说明书[0063]: 多个孔洞中,以例如但不限于填充或电镀方式将导电物质形成于该多个孔洞中,以形成多个第一导电通孔103及多个第二导电通孔104
第二导电层,设置于所述绝缘层之上,所述第二导电层通过所述导电物质与所述功率半导体芯片电气连接	Detailed Description [0024]: Above the lamination layer 18, a second core layer 24 is stacked. Core layer 24 in this embodiment also supports conductive layers 26, 28 on both of its surfaces	权利要求1: 一种封装结构,包含:一个第一导电层,设置于该绝缘层的一底面上,且与对该至少一个第一导电通孔连接而导通; 说明书[0062]: 第一导电层12设置于绝缘层10的顶面101上,且暴露部分的绝缘层10的顶面101。再者,第一导电层12与第一导电通孔103连接而导通

待检索的技术方案的新颖性评述如下。

对比文件 1(US20150223320A1)是最接近的对比文件,公开了 A printed circuit board assembly comprises a printed circuit board having at least one conductive layer supported by a substrate layer, and at least one power semiconductor device, wherein the at least one power semiconductor device is at least partly embedded in the substrate layer. 附图公开了 Laminating layer 18 has the configuration of a prepreg made of a prepreg material, a number of vias 32 may be provided in the substrate layer of the PCB to establish such electrical and/or thermal connections. The vias 32 may be formed by plating or filling conductive material, e.g. copper, into blind holes drilled into the substrate material formed by the laminating layer 18 and the second core layer 24.

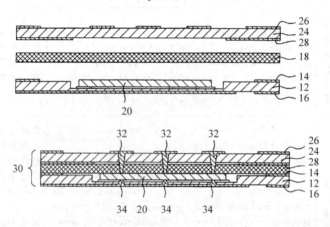

对比文件 1 中公开的"a printed circuit board assembly"即权利要求 H 中的功率模块, "The first core layer 12 is made from an insulating material."即权利要求 H 中的第一绝缘介质基板,"a first conductive layer 14"即权利要求 H 中的第一导电层,"the power semiconductor device 20"即权利要求 H 中的功率半导体芯片,"Laminating layer 18(a prepreg made of a prepreg material)"即权利要求 H 中的绝缘层,"The vias 32 formed by plating or filling conductive material"即为权利要求 H 中的通孔,"Core layer 24"即为权利要求 H 中的第二导电层。

对比文件 2 的技术特征对比,此处省略。

由此可见,权利要求的技术方案已经被完全公开,因此权利要求 H 不具备新颖性,即不符合《专利法》第 22 条第 2 款的规定。

4.2.4　检索策略调整

当浏览检索结果发现检索到的专利文献明显不相关,或者专利文献数量明显偏少时,应当及时调整检索策略。

1. 调整基本检索要素

检索者需要对待检索的技术方案、相关的现有技术,进行二次理解,包括尝试增加、修改、减少基本检索要素。例如,调整之前的基本检索要素未包括体现发明点的技术特征,在调整时应当增加;或者调整之前的基本检索要素限定数量太多导致检索结果为 0,在调整时应当删除不必要的技术特征。

2. 调整检索要素的表达方式

检索者应当根据检索结果实时调整检索要素的表达方式。例如,对分类号表达而言,可以将小组分类号调整到大组分类号或者小类分类号,从而可以扩大检索范围。例如,将表示密钥分配的 IPC 分类号 H04L9/08 调整为其上位小组分类号 H04L9/06,或者更上位的分类号 H04L9;在做产业创新的专利检索时,可能会将 IPC 分类号调整为表示数字信息传输的小类分类号 H04L。

对关键词表达而言,首选基本、最准确的关键词,然后再从形式、意义和角度三个方面考虑关键词扩展。

3. 调整检索式

调整检索式至少包括两个方面:一方面是调整关键词与各种算符的连接;另一方面是调整检索字段。

例如,将"AB/(A AND B AND C)"调整为"AB/(A nw B nw C)",或"AB/((A adj/10 B) AND C)",或"AB/(A np (B nw C))";调整之后的检索式的检索范围明显小于调整之前。

再如,将"SEPC/(image$ AND recogni* AND (mov$$ nw detect$$$))"调整为"ACLM/(image$ AND recogni* AND (mov$$ nw detect$$$))";调整之后的检索式的检索范围明显小于调整之前。

4. 调整检索数据库

当某检索数据库中没有检测到合适的专利文献时,可以根据要使用的检索手段和功能,以及待检索文件的特点重新选择检索数据库。例如,在 H.26x 视频编解码技术领域,日本的创新研发的全球竞争力较强,因此,在 Patentics 数据库检索之后,还应当选择日本特许厅官方网站有针对性地进行补充检索,必要时还可以前往欧洲专利局官方网站查阅日本专利文献的英文同族文献。

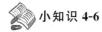 小知识 4-6

日本的视频编解码技术创新研发在全球具有领先地位,拥有较多的视频编解码技术标准和标准必要专利,因此,在该技术领域的查新检索或无效检索实务中,应当充分重视日本特许厅官方网站的检索结果。但是,有些日本优先权的专利文献未在官方网站公开,这种情况下,就要在欧洲专利审查档案登记簿官网,通过享有该日本优先权的欧洲专利的同族信息来获取该日本优先权的日语版本文献和英文翻译版本文献。

4.2.5 检索中止

对专利性检索而言,如果检索到的对比文件能够否定待检索的技术方案(通常为所有的权利要求)的新颖性或创造性,那么就可以中止检索。但此时的检索结果可能是不全的,如果还需找到更多可以用于否定待检索的技术方案的新颖性或创造性的对比文件,那么还需继续浏览检索结果,必要时,还应当进行补充检索,例如防侵权检索等。

在检索到的对比文件中,如果该对比文件是专利文献,且该对比文件能够用于否定待检索的技术方案的新颖性,那么该对比文件称为 X 文件;如果该对比文件能够用于否定待检索的技术方案的创造性,那么该对比文件称为 Y 文件。

由此可见,专利检索不仅包括在检索数据库中构建检索式从而获取检索结果,而且包括对检索结果进行不同检索类型的筛选、分析和判断,例如,查新检索需要对检索结果的新颖性和创造性进行分析和判断。对专业检索者而言,正确掌握专利检索的基本步骤,有针对性地制订检索策略,是提高专利检索质量的必经之路。

课后习题

(1)"解码"相关的英文检索关键词构建为"＄＄cod＄＄＄",是否合理?请举例说明。

(2)简述专利文献检索的基本步骤。

(3)在检索苹果公司在手机滑动解锁领域申请的所有专利文献时,小李同学在 Patentics 检索框中输入:TTL/((手机 OR MOBILE＄) AND (滑动解锁 OR (SLID * ADJ/5 UNLOCK *))) AND AN/(苹果 OR APPLE),发现检索不到任何专利文献。请你为小李同学调整检索策略,以检索到尽可能多的目标专利文献。

第5章

科技文献检索实务——Patentics篇

Patentics 是一款国产专利情报检索系统,在高精度语义检索、智能专利分析等方面具有竞争优势。本章将以 Patentics 专利情报检索系统为例,详细阐述 Patentics 的语义排序字段 (R/)、关键词字段(B/)、概念检索字段(C/)、申请号字段(APN/)、公开号字段(PN/)、申请日字段(APD/)、公开日字段(ISD/)、优先权日字段(PRD/)、标题字段(TTL/)、摘要字段 (ABST/)、权利要求字段(ACLM/)、组合检索字段(A/)、标准化申请人字段(ANN/)、说明书字段(SPEC/)、国际分类号字段(IPC/)、专利引用分析检索字段(G/CITE-D)、专利被引用分析检索字段(G/REF-S)、简单同族检索字段(SFMDB/)、扩展同族检索字段(FMDB/)及其检索方法,此外,读者还可以参照附录 C 中的完整字段说明。

5.1 Patentics 概述

Patentics 是索意互动信息技术有限公司开发的集专利信息检索、下载、分析与管理等功能于一体的商业检索系统,支持较多国家和地区的专利数据检索,除中文专利以外,还包括美国、欧洲、日本、韩国、德国、印度、英国、法国、加拿大、西班牙、俄罗斯、荷兰、芬兰、丹麦、卢森堡、PCT 等全球专利数据。

与传统的专利检索方式相比,Patentics 数据库系统最大的优势在于智能语义检索,即根据输入的任何中英文文本(词语、段落、句子、文章,甚至仅仅是一个专利公开号),就可以根据文本内容包含的语义在全球专利数据库中找到与之相关的专利,并按照相关度排序,这也极大地提高了检索质量和检索效率。

此处,用户可以通过网页版、客户端和微信小程序三种方式访问该数据库系统。

5.1.1 Patentics 网页版

Patentics 网页版的页面如图 5-1 所示,有新版界面登录和经典界面登录两种登录方式,本书所有案例均以"新版界面登录"为例讲解。

单击图 5-1 中的"新版界面登录"按钮,页面将跳转到如图 5-2 所示的登录页面,输入用户名及密码,就可以进入如图 5-3 所示的网页版首页。

网页版首页主要划分为检索区和检索数据区两部分。检索区提供一框式命令行检索、语义检索、简单检索、表格检索和批量检索五种检索方式。检索数据区主要包括数据库、数

图 5-1　Patentics 网页版页面

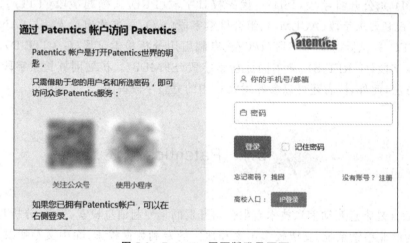

图 5-2　Patentics 网页版登录页面

图 5-3　Patentics 网页版首页示例

据分析和功能菜单三部分。

网页版提供了基础检索功能,本书所有实践案例均以网页版为例进行讲授。

5.1.2 Patentics 客户端

要使用 Patentics 客户端访问,就需要下载客户端压缩包。目前,Patentics 客户端为 5.0 版本,下载完毕后解压,打开 PatenticsClient64\PatenticsClient64\Patentics 路径下的 Patentics.exe 文件,即可打开如图 5-4 所示的 Patentics 客户端页面。输入用户名及密码,就可以进入到如图 5-5 所示的客户端界面。

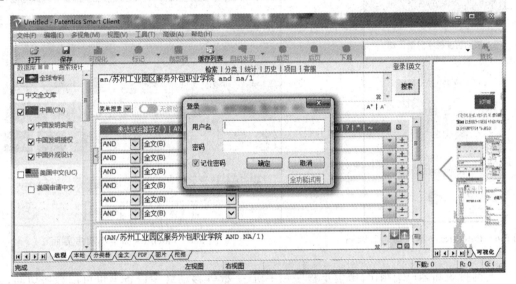

图 5-4 Patentics 客户端登录界面

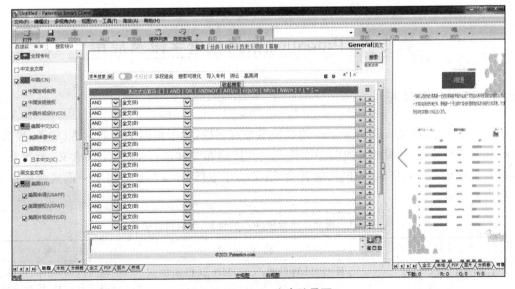

图 5-5 Patentics 客户端界面

与网页版相比,客户端除了具备专利检索功能以外,还具备专利大数据分析功能,例如专利地图、攻防分析、专利聚类、过程管理等功能。

5.1.3　Patentics 微信小程序

除网页版和客户端访问以外，还支持 Patentics 微信小程序。微信用户只需扫如图 5-6 所示的二维码就可以进入如图 5-7 所示的微信小程序界面。

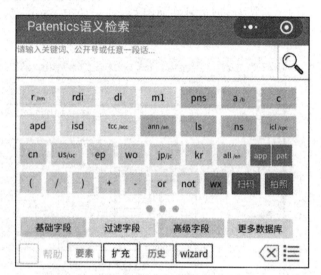

图 5-6　Patentics 小程序访问二维码　　　　**图 5-7　Patentics 微信小程序界面**

与网页版和客户端相比，微信小程序在手机、平板等移动终端设备上也可以轻松访问，为思维火花的碰撞与瞬间灵感的实现提供了便捷的检索入口，为科技创新工作者提供了便利。

5.2　Patentics 常用检索字段及应用

5.2.1　语义排序字段

语义排序字段（R/）是 Patentics 语义检索专有字段，用于根据输入的词语、句子、段落、文章或者专利号，检索最相关的前 400 件专利并按照相关性进行排序，字段含义、示例及说明如表 5-1 所示。在图 5-3 的网页版首页，语义排序字段（R/）主要适用于一框式命令行检索和语义检索。

表 5-1　语义排序字段（R/）的含义、示例和说明

等级	检索字段	字段含义	检索示例	说明
1	R/	语义排序	R/CDMA（检索与 CDMA 最相关的前 400 件专利）；R/CDMA B/手机（先检索关键词包含"手机"的所有专利，然后将检索结果按照与 CDMA 的相关度进行降序排列）	根据输入的词、句子、段落、文章或者专利号，将检索结果按照相关性进行降序排列，系统默认显示前 400 件专利。

应当注意,语义检索是 Patentics 最具竞争优势的功能之一,不仅可以单独检索,也可以与其他检索方式结合应用,以充分发挥 Patentics 的语义检索优势。

案例 5-1

利用 Patentics 语义检索功能,在"中文全文库"中检索与关键词"大数据技术"最相关的 400 件专利,并按照技术相关性进行排序。

检索步骤如下。

(1) 如图 5-8 所示,在"数据库"标签页选择"中文全文库"。

图 5-8 在"数据库"标签页选择"中文全文库"

(2) 如图 5-9 所示,在"语义检索"标签页的输入框中输入关键词:大数据,或者在一框式命令行输入:R/(大数据技术)。

图 5-9 在"语义检索"标签页的输入框中输入关键词

(3) 单击图 5-9 中的"检索"按钮,获得检索结果如图 5-10 所示。

案例 5-2

B2C 购物网站不定期向用户推送感兴趣商品已成为一种全新的营销模式。这种模式背后涉及推荐算法等技术,其中基于项目层次结构的推荐算法非常流行。这种技术包括:改

图 5-10 检索结果

进均衡相似度的余弦距离和皮尔逊相关系数的计算公式,避免计算目标用户与所有用户的相似度,从而避免了在整个用户空间中搜索最相近的 k 个用户,同时引入倒排索引数据结构,这可以使查找目标用户最近邻的计算复杂度降低;构建基于项目层次相似度的协同过滤算法,用户给部分项目标注标签和项目类别进行自动扩展,建立所有项目的层次结构,利用建立的项目标签层次结构计算项目之间的相似性;结合矩阵分解梯度下降算法的近似算法和 MapReduce 分布式计算框架设计实现了一种基于 MapReduce 的矩阵分解推荐算法。

请根据以上关于推荐算法的技术描述,利用 Patentics 语义检索功能,在"全球专利库"和"中文专利库"中检索相关专利。

检索步骤如下。

(1) 在网页版首页的"数据库"标签页同时勾选"全球专利库"和"中文全文库"。

(2) 在"语义检索"标签页的输入框中输入案例的第一个段落,或者在一框式命令行输入:R/(案例的第一个段落)。

(3) 单击"检索"按钮,获得检索结果如图 5-11 所示。

图 5-11 检索结果

请思考:检索结果中为什么几乎没有外文文献?如何才能检索到与段落内容相关的外文文献?

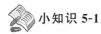 **案例 5-3**

利用 Patentics 语义检索功能,检索与 US20050017454A1 专利技术相关的前 400 件全球专利。

检索步骤:与案例 5-2 的检索步骤相似,只要将案例 2 中的段落文本替换为 US20050017454A1,就可以获得如图 5-12 的检索结果。

图 5-12 检索结果

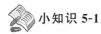 **小知识 5-1**

语义检索实质上是将用户输入的内容与用户所选择的专利库中所有专利进行语义比对,按照相关度降序排序,显示输出排位前 400 项;如果需要显示更多结果,可添加参数 ctop/n,n 是大于 0 的自然数,如:r/cdma and ctop/1000,显示输出结果为 1000 项。

5.2.2 关键词字段

关键词字段(B/),适用于针对专利文献所有文本,通过关键词匹配获取检索结果,字段含义、示例及说明如表 5-2 所示。这里所说的专利文献所有文本中,包括扉页、说明书摘要、权利要求书、说明书等文本信息。

表 5-2 关键词字段(B/)的含义、示例和说明

等级	检索字段	字段含义	检索示例	说明
0	B/	语义排序	B/(硬盘 OR 磁盘)(检索包括关键词"硬盘"或者"磁盘"的专利); B/((硬盘 OR 磁盘) AND 网络)(检索包括关键词"硬盘"和"网络",或者包括关键词"磁盘"和"网络"的专利)	针对专利文献全文进行关键词检索,包括专利文献所有文本

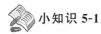 **案例 5-4**

在"中文全文库"中,检索包括关键词"触感反馈"的所有专利。

检索步骤如下。

(1)在"数据库"标签页选择"中文全文库"。

（2）在一框式命令行输入：B/（触感反馈）。

（3）单击"检索"按钮，获得如图 5-13 所示的 1708 条检索结果，排在第 1 位的专利公开号为 CN111381747A。

图 5-13　检索结果

 案例 5-5

将案例 5-4 的检索结果，按照"手机"相关语义进行排序。

检索步骤如下。

（1）在"数据库"标签页选择"中文全文库"。

（2）在一框式命令行输入：R/（手机）AND B/（触感反馈）。

（3）单击"检索"按钮，获得如图 5-14 所示的检索结果，检索到的专利数量仍为 1708 件，但排在第 1 位的专利已经不是公开号为 CN111381747A 的发明专利，而是公开号为 CN205486265U 的实用新型专利。

图 5-14　检索结果

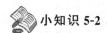 **小知识 5-2**

R/单独使用及与其他字段联合使用的区别

（1）R/单独使用是语义检索，检索结果默认为 400 条。

（2）R/与其他字段联合使用是对其他字段检索结果的语义排序，最终检索结果数量取决于其他字段检索结果数量。

5.2.3　概念检索字段

关键词检索时应当从形式、意义和角度等方面对关键词进行扩展,如果嫌关键词扩展所花费的工作量大,可以考虑概念检索,即在概念检索字段(C/)后面输入专利号、词、词组、语句或文章,以获得与输入概念相关的专利,特别当输入关键词时,可以免去对关键词的扩展。概念检索字段(C/)的含义、示例及说明如表5-3所示。

表 5-3　概念检索字段(C/)的含义、示例和说明

等级	检索字段	字段含义	检索示例	说　明
1	C/	概念检索	C/(硬盘 OR 磁盘)(检索包括"硬盘"或者"磁盘"等技术概念的专利)	C/后面输入专利号、词、词组、语句、段落或文章,获得与输入概念相关的前400项专利

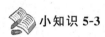 小知识 5-3

概念检索与关键词检索的区别

(1) 关键词搜索首先判断专利中是否含有该关键词,即搜索结果中的专利必定含有该关键词。而有些专利不一定含有此特定关键词,但含义与其相近,关键词搜索便容易遗漏这些专利。

(2) 概念搜索不判断专利中是否含有关键词,而是根据关键词的含义对所有专利进行相关度排序后,筛选出最相关专利400个,因此概念搜索比关键词搜索结果更准确。用概念检索,不必绞尽脑汁想关键词、不必构建复杂的检索式,就可轻松得到想要的结果。

 案例 5-6

在"中文全文库"中,检索与"触感反馈"技术概念相关的且专利全文中包含关键词"手机"或"平板"或"手柄"的所有专利。

检索步骤如下。

(1) 在"数据库"标签页选择"中文全文库"。

(2) 在一框式命令行输入:C/(触感反馈) AND B/(手机 OR 平板 OR 手柄)。

(3) 单击"检索"按钮,获得如图5-15所示的检索结果。其中,C/(触感反馈)表示检索与"触感反馈"技术概念相关的前400项专利;B/(手机 OR 平板 OR 手柄)表示在这400项专

图 5-15　检索结果

利基础上,按照关键词含有"手机"或"平板"或"手柄"任一项进行二次检索。

 小知识 5-4

由于概念检索字段(C/)的优先级高于关键词字段(B/),所以检索式 C/(触感反馈) AND B/(手机 OR 平板 OR 手柄)与检索式 B/(手机 OR 平板 OR 手柄) AND C/(触感反馈)的检索结果是一模一样的,都是先执行 C/(触感反馈),再执行 B/(手机 OR 平板 OR 手柄)。

小练习

尝试在一框式命令行输入:C/(自动驾驶) ANDNOT B/(自动驾驶),仔细观察检索结果,发现概念检索字段 C/的精髓所在了吗?

5.2.4　申请号字段

申请号字段(APN/)的含义、示例及说明如表 5-4 所示。

表 5-4　申请号字段(APN/)的含义、示例和说明

等级	检索字段	字段含义	检索示例	说　　明
0	APN/	申请号	APN/CN201310116892.7; APN/CN201310116892; APN/US09/462738; APN/US10864108	APN/检索可以忽略申请号小数点后的数字,自检索美国专利 2000 年(含)之前的格式,需要在申请号第四位加"/"

利用申请号字段进行检索,例如,可以在一框式命令行中输入:APN/CN201310116892.7,如图 5-16 所示,或者在"表格检索"标签页中的"申请号"单元格中输入专利的申请号 CN201310116892.7,如图 5-17 所示进行检索。

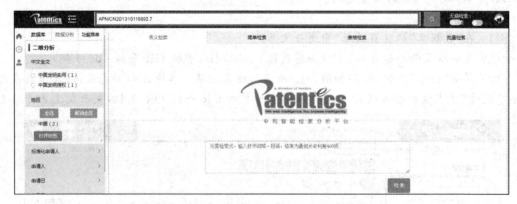

图 5-16　一框式命令行输入:APN/CN201310116892.7

 小知识 5-5

当各国专利管理部门受理专利申请时,就会给出一个专利申请号。以我国为例,当国家知识产权局受理专利申请时,就会给出专利申请号。

我国的专利申请号包括如下五个部分。

图 5-17　表格检索中的申请人单元格输入：CN201310116892.7

国家代码	申请年份	专利类型	流水号	校验位
CN	××××	×	×××××××	.×
(1)	(2)	(3)	(4)	(5)

（1）第一部分为国家代码，中国国家代码为 CN。

（2）第二部分为申请年份，即第 1～4 位数字。

（3）第三部分为专利类型，即第 5 位数字。第 5 位数字有 1、2、3、8、9 五种情况。其中，数字 1 表示发明专利申请；数字 2 表示实用新型专利申请；数字 3 表示外观设计专利申请；数字 8 表示进入中国国家阶段的 PCT 发明专利申请；数字 9 表示进入中国国家阶段的 PCT 实用新型专利申请。

（4）第四部分为流水号即第 6～12 位数字。

（5）第五部分为校验位。校验位是指以专利申请号中使用的数字组合作为源数据经过计算得出的 1 位阿拉伯数字（0～9）或大写英文字母 X。校验位与流水号之间以点（.）间隔。

5.2.5　公开号字段

公开号字段（PN/）的含义、示例及说明如表 5-5 所示。利用公开号字段进行检索时，无须选库。例如，可以在一框式命令行中输入 PN/ US20050017454A1，或者在"表格检索"标签页中的"公开（公告）号"单元格中输入 US20050017454A1 进行检索。具体的检索方法同申请号字段检索方法，此处不再赘述。

表 5-5　公开号字段（PN/）的含义、示例和说明

等级	检索字段	字段含义	检索示例	说　　明
0	PN/	公开号	PN/ CN103156000A； PN/ US20050017454A1	Patentics 检索结果页面默认使用公开号显示专利

📖 小知识 5-6

专利文献在不同阶段的公开都会有相应的公开号。我国的专利公开号包括如下四个部分。

国家代码　专利类型　　　文献流水号　　　标识代码

CN　　　　　×　　　×××××××　　　×

(1)　　　(2)　　　　　(3)　　　　(4)

(1) 第一部分为国家代码。中国国家代码为 CN。

(2) 第二部分为专利类型,即专利公开号的第 1 位数字。

(3) 第三部分为文献流水号,即专利公开号的第 2～9 位数字。

(4) 第四部分为专利文献种类标识代码,即专利公开号的第 10 位或字母,例如 A、B、S、U 等。

中国发明专利文献编号规则如表 5-6 所示。

表 5-6　中国发明专利文献号编号规则

文献种类	专利文献号与国家代码、文献种类代码的联合使用		说　明
发明专利申请公布说明书	申请公布号	CN100378905A CN100378906A	不同专利申请应当按顺序编号
发明专利申请公布说明书(扉页再版)		CN100378905A8	同一专利申请沿用首次赋予的申请公布号
发明专利申请公布说明书(全文再版)		CN100378905A9	
发明专利说明书	授权公告号	CN100378905B	同一专利申请的授权公告号沿用首次赋予的申请公布号
发明专利说明书(扉页再版)		CN100378905B8	
发明专利说明书(全文再版)		CN100378905B9	
发明专利权部分无效宣告的公告(第 1 次)		CN100378905C1	
发明专利权部分无效宣告的公告(第 2 次)		CN100378905C2	

中国实用新型专利文献编号规则如表 5-7 所示。

表 5-7　中国实用新型专利文献号编号规则

文献种类	专利文献号与国家代码、文献种类代码的联合使用		说　明
实用新型专利说明书	授权公告号	CN200364512U CN200364513U	不同专利申请应当按顺序编号
实用新型专利说明书(扉页再版)		CN200364512U8	同一专利申请的授权公告号沿用首次赋予的授权公告号
实用新型专利说明书(全文再版)		CN200364512U9	
实用新型专利权部分无效宣告的公告(第 1 次)		CN200364512Y1	
实用新型专利权部分无效宣告的公告(第 2 次)		CN200364512Y2	

中国外观设计专利文献编号规则如表 5-8 所示。

表 5-8 中国外观设计专利文献号编号规则

文 献 种 类	专利文献号与国家代码、文献种类代码的联合使用		说 明
外观设计专利公告	授权公告号	CN300123456S CN300123457S	不同专利申请应当按顺序编号
外观设计专利授权公告(全部再版)		CN300123456S9	同一专利申请的授权公告号沿用首次赋予的授权公告号
外观设计专利权部分无效宣告的公告(第 1 次)		CN300123456S1	
外观设计专利权部分无效宣告的公告(第 2 次)		CN300123456S2	

5.2.6 申请日字段

申请日字段(APD/)的含义、示例及说明如表 5-9 所示。例如在一框式命令行中输入 APD/last10years,或者在"表格检索"标签页中的"申请日"单元格中输入 last10years,便可以对最近 10 年申请的专利文献进行检索。注意,此处的最近 10 年,是从检索日往前推 10 年时间。在专利检索中,申请日字段通常与其他若干字段联合检索。

表 5-9 申请日字段(APD/)的含义、示例和说明

等级	检索字段	字段含义	检索示例	说 明
0	APD/	申请日	APD/20100113; APD/201001; APD/2010; APD/20100101—20210724; APD/2010—2020; APD/lastNdays; APD/lastNmonths; APD/lastNyears	APD/为一时间或者时间段,取申请日在该时间或者时间段的专利。APD/lastNdays,N 为数字,例如,最近 30 天表示为 APD/last30days

 案例 5-7

在 Patentics"中文全文库"中,检索最近 120 天申请的专利,并对检索结果按照与"手机"相关语义进行排序。

检索步骤如下。

(1)在"数据库"标签页选择"中文全文库"。

(2)在一框式命令行输入:R/(手机) AND APD/last120days。

(3)单击"检索"按钮,获得如图 5-18 所示的检索结果,检索日期为 2021 年 7 月 24 日。

5.2.7 公开日字段

公开日字段(ISD/)的含义、示例及说明如表 5-10 所示。例如在一框式命令行中输入 ISD/last10years,或者在"表格检索"标签页中的"公开日"单元格中输入 last10years,即可对最近 10 年公开的专利文献进行检索。注意,此处的最近 10 年,是从检索日往前推 10 年时间。在专利检索中,公开日字段通常与其他若干字段联合检索。

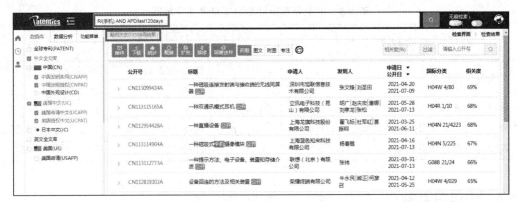

图 5-18　检索结果示例

表 5-10　公开日字段(ISD/)的含义、示例和说明

等级	检索字段	字段含义	检索示例	说　　明
0	ISD/	公开日	ISD/20100113； ISD/201001； ISD/2010； ISD/20100101—20210724； ISD/2010—2020； ISD/lastNdays； ISD/lastNmonths； ISD/lastNyears	ISD/为一时间或者时间段,取公开日在该时间或者时间段的专利。 ISD/lastNdays,N 为数字,例如,最近 30 天表示为 ISD/last30days

案例 5-8

在 Patentics"中文全文库"中,检索 2010—2020 年公开的所有专利,并对检索结果按照与"大数据"语义相关度进行排序。

检索步骤如下。

(1) 在"数据库"标签页选择"中文全文库"。

(2) 在一框式命令行输入:R/(大数据) AND ISD/2010—2020。

(3) 单击"检索"按钮,获得如图 5-19 所示的检索结果,检索日期为 2021 年 7 月 24 日。

小知识 5-7

公开日字段(ISD/)在做专利无效检索时非常重要。例如,待无效专利为 CN 发明专利,专利申请日为 2019 年 10 月 1 日,那么要检索的文献范围包括:公开日在 2019 年 10 月 1 日以前的现有技术以及申请日或优先权日在 2019 年 10 月 1 日以前、公开日在 2019 年 10 月 1 日以后的中国抵触申请。因此,要检索的文献范围的时间限定应当表述为:

(DI/+20191001 and (APD/19850101—20191001 OR PRD/19850101—20191001) and db/cn) or (isd/19000101—20191001 and db/patent)

其中,DI/+20191001 and (APD/19850101—20191001 OR PRD/19850101—20191001) and db/cn 表示中国抵触申请,isd/19000101—20191001 and db/patent 表示全球现有技术。

图 5-19　检索结果示例

5.2.8　优先权日字段

如果专利文献有优先权日,则该优先权日是当评价专利新颖性或创造性时,作为现有技术的分界点日期。在优先权日以前的文献被称为现有技术。优先权日字段(PRD/)的日期格式与申请日字段格式、公开日字段格式相同。

小知识 5-8

专利的优先权分为本国优先权和外国优先权,下面所说的优先权主要指本国优先权。

《中华人民共和国专利法》规定,申请人自发明或者实用新型在中国第一次提出专利申请之日起 12 个月内,又向国务院专利行政部门就相同主题提出专利申请的,可以享有优先权。

优先权的主要作用在于,在企业创新研发早期,通过对初步的技术方案尽早申请专利以抢占"申请日",该技术方案可能是不完整的、存在技术瑕疵的、需要进一步改进优化的技术方案。企业后续对该技术方案进行修正完善后,可以在规定的 12 个月期限内就完善后的属于相同主题的技术方案再次提交专利申请,后提交的专利申请的优先权日可以享有之前提交申请的专利的申请日,以使企业的技术方案得到最大化的保护。

5.2.9　标题字段、摘要字段、权利要求字段、组合检索字段

标题字段(TTL/)、摘要字段(ABST/)、权利要求字段(ACLM/)、组合检索字段(A/)的含义、示例及说明如表 5-11 所示。在标题、摘要、权利要求、标题或摘要或权利要求中输入的关键词,应当从形式、意义和角度层面予以全面考虑。

表 5-11　TTL/、ABST/、ACLM/及 A/含义、示例和说明

等级	检索字段	字段含义	检索示例	说　明
0	TTL/	标题	TTL/(mobile $); TTL/(mobile $ AND batter *)	TTL/为专利标题包含的关键词
0	ABST/	摘要	ABST/(mobile $); ABST/(mobile $ AND batter *)	ABST/为专利摘要包含的关键词,可以缩写为 AB/

续表

等级	检索字段	字段含义	检索示例	说　明
0	ACLM/	权利要求	ACLM/（mobile＄）； ACLM/（mobile＄ AND batter＊）	ACLM/为专利权利要求包含的关键词
0	A/	组合检索	A/（mobile＄）； A/（mobile＄ AND batter＊）	A/为专利标题或摘要或权利要求中含有的关键词

标题、摘要、权利要求等输入关键词检索，可以在一框式命令行输入命令进行检索，也可以在"表格检索"标签页中的相应单元格输入关键词进行检索。

 案例 5-9

不同用户对诸如手机、平板电脑等智能终端的屏幕解锁标识的位置、形状和方向需求也不尽相同。为了满足用户个性化需求，丰富用户的视觉体验，某大型 IT 企业开发出关于手机屏幕解锁的技术方案，包括预先设置解锁的旋转方向和旋转角度；接收用户转动解锁标识的操作；判断两者是否一致，如果一致，则进入手机操作界面。

请根据该企业最新研发的智能终端屏幕解锁的技术方案，利用 TTL/、ABST/、ACLM/、A/中的至少一种检索字段，构建检索步骤，找出与该技术方案最接近的中国专利。

检索步骤如下。

（1）在"数据库"标签页选择"中文全文库"。

（2）构建检索策略。

① 提取检索关键词：屏、解锁、标识、旋转方向、旋转角度。

② 表达检索关键词：屏 adj/5（解锁 or 去锁）、标识 or 标志 or 钥匙、旋转 adj/2（方向 or 角度）。

③ 构建检索式：A/（（旋转 adj/2（方向 or 角度））and（屏 adj/5（解锁 or 去锁））and（标识 or 标志 or 钥匙））。

（3）单击"检索"按钮，获得如图 5-20 所示的检索结果，检索日期为 2021 年 7 月 24 日。检索结果共有 9 项专利，通过阅读每项专利摘要和权利要求，即可确定公开号为 CN103677602A、名称为"一种移动终端屏幕解锁方法及装置"的发明专利为与上述技术方案

图 5-20　检索结果示例

最接近的现有技术。注：公开号为 CN103677602B 的专利是 CN103677602A 专利的授权文本。

上述构建检索策略只提供了一种可行参考,想一想是否还有其他检索策略?

5.2.10　标准化申请人字段

标准化申请人字段(ANN/)的含义、示例及说明如表 5-12 所示。标准化申请人字段既可以在一框式命令行输入检索式进行检索,也可以在"表格检索"标签页中的"标准化申请人"单元格中输入申请人名称进行检索。

表 5-12　标准化申请人字段(ANN/)的含义、示例和说明

等级	检索字段	字段含义	检索示例	说　明
0	ANN/	标准化申请人	ANN/(amazon); ANN/(samsung); ANN/(huawei); ANN/(amazon) AND DB/CN	TTL/为标准化申请人检索字段,针对集团公司做整体标准化,就是把该集团公司所有名字的各种语言、各种写法和所有子公司自动关联在一起,定义成一个标准的公司,只要我们输入标准化公司名字,就能检索出该公司的所有专利

 案例 5-10

检索出 2017 年华为公司在美国申请的所有专利。

检索步骤如下。

(1) 在"数据库"标签页选择"美国库"。

(2) 在一框式命令行输入：ANN/(huawei) and APD/2017。

注：步骤(1)和步骤(2),也可以在一框式命令行输入：ANN/(huawei) and APD/2017 and DB/US。

(3) 单击"检索"按钮,获得如图 5-21 所示的 5224 项检索结果,检索日期为 2021 年 7 月 24 日。为将同一件专利的不同阶段的审查文本视为一件专利,可以对检索结果作"同族合并"操作：单击图 5-21 中的"同族合并"按钮,进入如图 5-22 所示的同族合并设置界面,所有选项保持默认设置,单击"确定"按钮,获得如图 5-23 所示的 3118 项检索结果。

案例 5-11

检索出 2017 年苹果公司申请的所有中国专利数量,并估算出外观设计专利占比。

检索步骤如下。

(1) 在一框式命令行输入：ANN/(APPLE) and APD/2017 and DB/CN。

(2) 单击"检索"按钮,获得如图 5-24 所示的 736 条检索结果,检索日期为 2021 年 7 月 24 日。为将同一件专利的不同阶段的审查文本视为一件专利,对检索结果作"同族合并"操作后,获得如图 5-25 所示的 514 条检索结果,其中,外观设计专利为 81 项,占比为 15.8%。

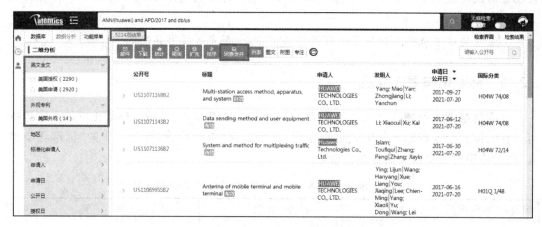

图 5-21　检索结果示例

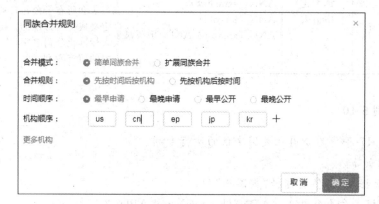

图 5-22　同族合并设置界面

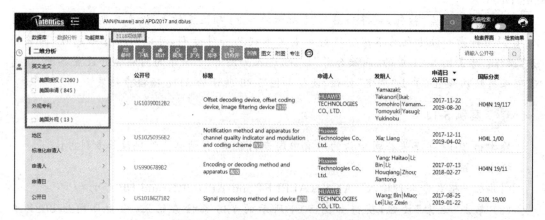

图 5-23　同族合并后的检索结果示例

图 5-24　检索结果示例

图 5-25　同族合并后的检索结果示例

5.2.11　说明书字段

说明书字段（SPEC/）的含义、示例及说明如表 5-13 所示。利用说明书字段（SPEC/）对关键词进行检索，检索结果数量一般会比较大，导致噪声较多，不利于检索者快速发现目标专利。为了缩小检索范围，使得检索结果更加准确，通常将说明书字段（SPEC/）与国际分类号字段（IPC/）联合检索，从而有效过滤掉技术无关的噪声专利。

表 5-13　说明书字段（SPEC/）的含义、示例和说明

等级	检索字段	字段含义	检索示例	说　　明
0	SPEC/	说明书	SPEC/（微波炉 AND 节能）； SPEC/（大数据 AND 预测 AND（推送 OR 发送））	SPEC/是对专利说明书中包含的关键词进行检索的字段

5.2.12　国际分类号字段

国际分类号字段（IPC/）的含义、示例及说明如表 5-14 所示。IPC/字段既可以在一框式命令行输入检索式进行检索，也可以在"表格检索"标签页中的"分类号"单元格中输入 IPC

分类号进行检索。

表 5-14　国际分类号字段（IPC/）的含义、示例和说明

等级	检索字段	字段含义	检 索 示 例	说　　明
0	IPC/	国际分类号	IPC/H04N 5/232	（1）IPC/字段后面的分类号的空格可以忽略，如 IPC/H04N5/232； （2）IPC/＋分类号检索该分类号及其所有下级分类号

国际分类号字段（IPC/）经常与权利要求字段（ACLM/）、组合检索字段（A/）、说明书字段（SPEC/）联合检索。

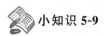

小知识 5-9

国际分类号在检索时，表达到哪一层级？

国际分类号 IPC 是一种等级分类体系，包括部、大类、小类、大组、小组等五个由高到低的等级。检索时若选择的分类号等级太高，例如选到部、大类等级别，那么检索结果数量就会非常多，不能有效过滤无关技术分支的噪声专利，或者过滤效果不明显；若选择的分类号等级过低，例如选到小组级别，那么检索结果数量会偏少，可能会把本不属于无关技术的专利给过滤掉，检索全面性就无法保证了。

综上，分类号等级的选择没有固定范式，需要检索者根据技术领域、技术分支、检索结果数量、检索目的等因素综合考虑。例如，在做专利产业导航时，就不宜将技术分类号等级定得太低，建议选到小类或大组；在做专利无效检索时，建议选到小类、大组或小组等。

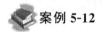

案例 5-12

传统的酒店客房定价采用固定定价模式，这种定价模式无法根据酒店的历史住宿信息调整客房价格，从而导致酒店收益不高，竞争力不强。为了提升酒店经营利润，某酒店利用历史数据，结合酒店实际情况，动态调整预售期内的客房价格。对于历史数据，由于受客房总数的限制，将截断数据进行还原，并剥离周期性和季节性因素，从而得到仅依赖于价格的需求数据，用以预测剩余客房的价格；通过求解动态博弈模型，得到预售期内酒店客房的最优动态价格。

请根据上述信息，检索上述技术方案已公开的中国专利。

检索步骤如下。

（1）构建检索策略包括以下三种。

① 提取检索关键词：价格、动态博弈、预测。

② 表达检索关键词：价格 or 房价、动态博弈、预测。

③ 构建检索式：SPEC/（（价格 or 房价）and 动态博弈 and 预测）and DB/CN。

（2）获得并分析检索结果：一共获得 41 篇中国专利。为了进一步缩小检索范围，提升专利检索获取目标专利的效率，将国际分类号字段（IPC/）与原有检索式进行联合检索。根据上述信息可知，该技术方案通过对酒店历史数据的处理和分析，从而预测酒店客房的最优动态价格，技术分类归到 G06Q30（含义如图 5-26 所示）比较合适。

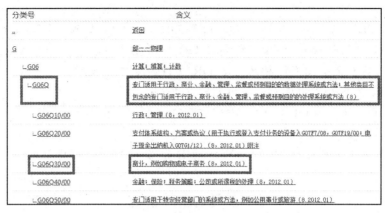

图 5-26 G06Q30 分类号含义示例

（3）调整检索式：SPEC/（（价格 or 房价）and 动态博弈 and 预测）and DB/CN and IPC/G06Q30。

（4）获得调整后的检索结果如图 5-27 所示，一共获得 15 篇中国专利，检索结果数量远小于调整之前的检索结果数量。通过浏览每项专利的摘要，就可以快速获取到上述技术方案对应的中国专利，即公开号为 CN112734457A、名称为"酒店客房动态定价方法、装置、设备及存储介质"的中国发明专利。

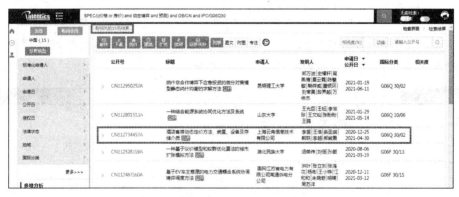

图 5-27 调整检索式后的检索结果示例

  案例 5-13

检索江苏省苏州市图像识别产业的所有中国专利，作为产业导航分析的数据源。

检索分析如下。

专利产业导航分析是一个相对比较复杂的系统检索分析工程，这里重点探讨说明书字段（SPEC/）与国际分类号字段（IPC/）的联合检索，以获取相关技术专利。

检索步骤如下。

（1）提取检索关键词：图像、识别、处理逻辑算法或模型。

（2）提取检索分类号：G06K。

（3）表达检索要素（关键词和分类号），如表 5-15 所示。

（4）构建检索式。

① S/1：SPEC/（（图像 OR 图象 OR 图形 OR 面部 OR 扫码）AND（分割 OR 滤波 OR 识别）AND（特征 nwn（训练 OR 学习 OR 提取 OR 抽取 OR 分类 OR 匹配 OR 池化））AND（聚类 OR 小波 OR 神经网络 OR 支持向量 OR 逻辑回归 OR 字典 OR 稀疏 OR 卡尔曼 OR 高斯 OR 均值 OR 导向 OR 双边 OR 盒式））。

② S/2：IPC/（G06K OR G06N OR G06T OR H04N OR G06F）。

③ S/3：NS/苏州。

因此，最终的检索式为：S/1 AND S/2 AND S/3。我们也可以建立如表 5-15 所示表达要素表，进行检索。

表 5-15　表达检索要素示例

检索要素	表达前的要素	表达后的要素
说明书的关键词	图像	图像 OR 图象 OR 图形 OR 面部 OR 扫码
	识别	分割 OR 滤波 OR 识别
	特征提取	特征 nwn（训练 OR 学习 OR 提取 OR 抽取 OR 分类 OR 匹配 OR 池化）
	处理算法或模型	聚类 OR 小波 OR 神经网络 OR 支持向量 OR 逻辑回归 OR 字典 OR 稀疏 OR 卡尔曼 OR 高斯 OR 均值 OR 导向 OR 双边 OR 盒式
分类号	G06K	G06K OR G06N OR G06T OR H04N OR G06F
地域	苏州	苏州

（5）获得检索结果，如图 5-28 所示，一共检索到 936 篇专利。后续可以利用 Patentics 二维分析和多维分析，对检索到的数据做可视化分析。

图 5-28　检索结果示例

5.2.13　专利引用分析检索字段和专利被引用分析检索字段

专利引用分析检索字段（G/CITE-D）和专利被引用分析检索字段（G/REF-S）的含义、示例及说明如表 5-16 所示。专利引用分析检索字段（G/CITE-D）和专利被引用分析检索字段（G/REF-S）在做专利引证分析时是非常有用的。

表 5-16 G/CITE-D 和 G/REF-S 字段的含义、示例和说明

等级	检索字段	字段含义	检索示例	说 明
1	G/CITE-D	专利引用分析检索	S1 AND G/CITE-D（S1 是检索式），表明 S1 源专利引用目标专利集合，并按照被引用数量降序排列	G/CITE-D 检索到的是源专利引用的目标专利集合
1	G/REF-S	专利被引用分析检索	S1 AND G/REF-S（S1 是检索式），表明引用 S1 源专利的专利集合，并按照引用数量降序排列	G/REF-S 检索到的是引用 S1 源专利的专利集合，并按引用数量由多到少排序

案例 5-14

检索"苏州工业园区服务外包职业学院"作为专利申请人所申请的所有中国专利所引用的目标专利集合中，引用数量排名前三的专利文献。

检索步骤如下。

（1）在一框式命令行输入检索式：ANN/苏州工业园区服务外包职业学院 AND DB/ CN AND G/CITE-D。

（2）单击"检索"按钮，获得如图 5-29 所示的检索结果，一共检索到 264 篇专利文献，其中，按照引用数量排名前三的专利文献分别如下。

图 5-29 检索结果示例

① 公开号为 CN101163119A，名称为"接入网关中用户语音拨号的处理方法"的中国发明专利。

② 公开号为 CN101090413A，名称为"一种电话呼叫的方法和系统"的中国发明专利。

③ 公开号为 NL1000284C2，名称为"Voice operated number selection unit for telephone"的荷兰发明专利。

案例 5-15

检索引用申请人为"苏州工业园区服务外包职业学院"的所有中国专利的专利集合，并写出引用数量排名前三的专利文献信息。

检索步骤如下。

（1）在一框式命令行输入检索式：ANN/苏州工业园区服务外包职业学院 AND DB/CN AND G/REF-S。

（2）单击"检索"按钮，获得如图 5-30 所示的检索结果，一共检索到 67 篇专利文献，其中，按照引用数量排名前三的专利文献分别如下。

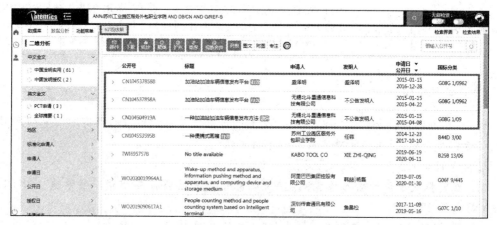

图 5-30　检索结果示例

① 公开号为 CN104537858B，名称为"加油站加油车辆信息发布平台"的中国发明专利。
② 公开号为 CN104537858A，名称为"加油站加油车辆信息发布平台"的中国发明专利。
③ 公开号为 CN104504919A，名称为"一种加油站加油车辆信息发布方法"的中国发明专利。

 案例 5-16

检索华为公司的哪些中国专利被高通公司的美国专利所引用。

检索步骤如下。

（1）在一框式命令行输入检索式：P: ANN/华为 AND DB/CN AND G/REF-S AND ANN/高通 AND DB/US AND G/CITE-D AND ANN/华为 AND DB/CN。

（2）"检索"按钮，获得如图 5-31 所示的检索结果，一共检索到 604 篇专利文献，检索日期为 2021 年 7 月 25 日。

图 5-31　检索结果示例

检索式分析如下。

(1) P：表示流检索，不考虑各检索字段的优先级，由左至右顺序执行，流检索中不允许出现圆括号。

(2) ANN/华为 AND DB/CN 表示华为中国专利。

(3) ANN/华为 AND DB/CN AND G/REF-S 表示引用华为中国专利的全球专利。

(4) ANN/华为 AND DB/CN AND G/REF-S AND ANN/高通表示由高通引用华为中国专利的全球专利。

(5) ANN/华为 AND DB/CN AND G/REF-S AND ANN/高通 AND DB/US 表示由高通引用华为中国专利的美国专利。

(6) ANN/华为 AND DB/CN AND G/REF-S AND ANN/高通 AND DB/US AND G/CITE-D 表示高通的这些美国专利引用的全球专利。

(7) ANN/华为 AND DB/CN AND G/REF-S AND ANN/高通 AND DB/US AND G/CITE-D AND ANN/华为表示高通的这些美国专利引用的华为的全球专利。

(8) ANN/华为 AND DB/CN AND G/REF-S AND ANN/高通 AND DB/US AND G/CITE-D AND ANN/华为 AND DB/CN 表示高通的这些美国专利引用的华为的中国专利。

5.2.14 简单同族检索字段与扩展同族检索字段

简单同族检索字段（SFMDB/）与扩展同族检索字段（FMDB/）的含义、示例及说明如表 5-17 所示。

表 5-17 **SFMDB/和 FMDB/字段的含义、示例和说明**

等级	检索字段	字段含义	检索示例	说 明
1	SFMDB/	简单同族专利检索	S1 and SFMDB/US(S1 是检索式)，表明检索 S1 的美国简单同族专利； S1 and SFMDB/ALL，表明检索 S1 的所有简单同族专利	S1 and SFMDB/US 的检索结果不包含 S1 本身
1	FMDB/	扩展同族专利检索	S1 and FMDB/US(S1 是检索式)，表明检索 S1 的美国扩展同族专利； S1 and FMDB/ALL，表明检索 S1 的所有扩展同族专利	S1 and FMDB/US 的检索结果不包含 S1 本身

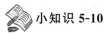 **小知识 5-10**

专利族、同族专利、简单同族专利、扩展同族专利的概念分别如下。

(1) 专利族(Patent Family)是指至少有一个优先权相同的，在不同国家或地区（或地区组织）多次申请、多次公布或批准的，内容相同或基本相同的一组专利文献。

(2) 同族专利(Patent Family Members)是指同一专利族中的每件专利文献，同一专利族中的每件专利互为同族专利。例如，US4588244，申请日为 1985-01-14，申请国家为 US（美国）；JPS61198582A，申请日为 1985-11-30，享有 US4588244 的优先权，优先权日为 1985-01-14，申请国家为 JP（日本）；GB2169759A，申请日为 1986-01-03，享有 US4588244 的优先权,优先权日为 1985-01-14,申请国家为 GB(英国);CA1231408A,申请日为 1986-01-07,享有 US4588244 的优先权,优先权日为 1985-01-14,申请国家为 CA(加拿大)。以上 US4588244、JPS61198582A、GB2169759A、CA1231408A 这 4 个专利满足上述专利族的条件,即享有同一个专利(US4588244)优先权,在不同国家或地区(US、JP、GB、CA)申请或公告,内容基本相同。因此,US4588244、JPS61198582A、GB2169759A、CA1231408A 构成了专利族,每件专利互为同族专利。

因此,构成专利族的同族专利必须具备三个特征:享有共同优先权;由不同国家或地区(组织)申请或公布;专利内容相同或基本相同。

(3)专利族又分为简单专利族和扩展专利族。同一专利族中的所有同族专利共同享有一个或共同享有多个优先权,构成简单专利族。同一专利族中的每个同族专利与该专利族中的至少一个其他同族专利共同享有一个或多个优先权,构成扩展专利族。例如,US4588244、JPS61198582A、GB2169759A、CA1231408A 这 4 个专利构成了专利族,其中,JPS61198582A、GB2169759A、CA1231408A 共同享有 US4588244 专利优先权,即 US4588244、JPS61198582A、GB2169759A、CA1231408A 构成了简单专利族,简单专利族中的每个专利互为简单同族专利,如表 5-18 所示。

US5323396A、CN1031090C 共同享有 NL8901402、NL9000338 的优先权,EP949763A2 享有 NL9000338 的优先权。因此,US5323396A、CN1031090C、EP949763A2 构成了扩展专利族,扩展专利族中的每个专利互为扩展同族专利,如表 5-19 所示。

表 5-18　简单专利族示例

专利文献	享有优先权专利
US4588244(P1)	
JPS61198582A	P1
GB2169759A	P1
CA1231408A	P1

表 5-19　扩展专利族示例

专利文献	享有优先权专利
NL8901402(P1)	
NL9000338(P2)	
US5323396A	P1+P2
CN1031090C	P1+P2
EP949763A2	P2

利用简单同族检索字段(SFMDB/)可以检索某个国家或者全球所有简单同族专利。例如,检索 US4588244 的所有美国简单同族专利,可以在命令行输入:PN/US4588244 AND SFMDB/ALL,检索结果如图 5-32 所示。

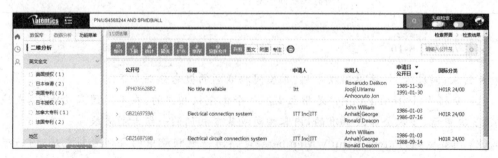

图 5-32　简单专利族检索结果示例

又如,检索 NL9000338 的所有 EP 扩展同族专利,可以在命令行输入:PN/ NL9000338

AND FMDB/EP,检索结果如图 5-33 所示。

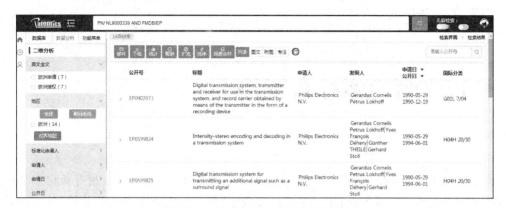

图 5-33　扩展专利族检索结果示例

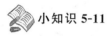 小知识 5-11

检索同族专利情报的作用

检索国外专利的 CN 同族专利,有助于快速理解专利内容,将语言障碍降到最低。一些大型跨国公司的关键技术通常都会以同族专利形式在全球重要国家布局,例如 US、EP、AU、CN、JP、KR 等。如果检索者不愿意花费大量时间阅读英文专利文献,可以直接阅读对应的 CN 同族专利文献,这有利于克服语言理解障碍。当然,如果 CN 同族专利的内容与其他同族专利有差异的时候,也应当仔细阅读差异部分的英文专利文献。

检索所有的同族专利,可以挖掘竞争对手的关键技术及布局地域,从而有针对性地做好专利策略。一般而言,企业会将关键技术、核心技术以同族专利形式布局到主要市场(国家或地区),因此,检索特定企业的特定技术相关的同族专利,可以快速、准确地获取到上述情报,从而可以针对竞争对手的布局现状提前准备对策。

检索特定地域的同族专利,有助于规避专利侵权风险。同族专利具有地域性,假设竞争对手在澳大利亚和中国布局了同族专利,那么中国企业的产品出口到澳大利亚,或者在澳大利亚参加产品展览会,应当提前做好检索工作,特别是对同族专利的检索,防止产品侵权。

 课后习题

(1) 简述专利族、同族专利、简单同族专利、扩展同族专利的概念。

(2) 检索清华大学的哪些中国专利被美国专利所引用,请写出检索步骤和检索结果。

(3) 检索清华大学有哪些专利引用了美国专利,请写出检索步骤和检索结果。

第 **6** 章

科技文献检索综合案例

本章将基于 Patentics 系统平台,从项目检索实施视角,具体讲述专利查新检索和科技产业专利导航检索的实务操作,第一个案例是关于"充电电流调节方法和装置"技术方案的查新检索;第二个案例是关于"苏州市区块链产业创新发展态势"的专利导航检索分析,供读者参考。

 ## 6.1 "充电电流调节方法和装置"技术方案查新检索

6.1.1 专利查新检索概述

专利查新检索,实质上是一种可专利性检索,用于判断委托人提供的技术方案相对现有技术是否具有新颖性或创造性,查找影响委托技术方案新颖性或者创造性的现有技术。其中,现有技术包括专利文献和非专利文献。因此,专利查新检索采用的手段包括任何能够用于检索现有技术的手段,包括专利数据库、非专利数据库、图书出版物、产品说明书、互联网资源等。

6.1.2 项目需求

A 公司根据最新的技术研发成果,撰写了一份关于"充电电流调节方法和装置"的中国专利申请文件,在递交给国家知识产权局之前,委托 B 公司对该专利申请文件进行专利查新检索,并出具一份专利查新检索报告。请根据以下的专利申请文件,写出专利检索步骤,并撰写一份专利查新检索报告。

专利名称:充电电流调节方法和装置

一、专利类型:发明

说明书摘要:本发明公开了一种充电电流调节方法和装置,该方法包括以下步骤:在每个检测周期内检测充电接口的功率端子温度以获取充电接口的温度变化情况,并检测充电电流;根据当前检测周期内的充电接口的温度变化情况和充电电流对下一检测周期内的充电电流进行调节。根据本发明的方法,能够有效防止充电接口过温,不仅能够有效保护充电接口,还能够保障充电正常完成。

二、权利要求书

1. 一种充电电流调节方法，其特征在于，包括以下步骤。

（1）在每个检测周期内检测充电接口的功率端子温度，以获取所述充电接口的温度变化情况，并检测充电电流。

（2）根据当前检测周期内的所述充电接口的温度变化情况和充电电流，对下一检测周期内的充电电流进行调节。

2. 根据权利要求1所述的充电电流调节方法，其特征在于，根据当前检测周期内的所述充电接口的温度变化情况和充电电流，对下一检测周期内的充电电流进行调节，包括：

（1）根据所述当前检测周期内的起始功率端子温度和截止功率端子温度，获取所述当前检测周期内的温升。

（2）根据所述当前检测周期内的截止功率端子温度和预设的第一关系，获取所述当前检测周期内所述充电接口的散热功率，其中预设的第一关系为试验条件下所述充电接口的散热功率与所述充电接口的功率端子温度之间的关系。

（3）根据所述当前检测周期内的起始功率端子温度和预设的第二关系，获取所述试验条件下以该起始功率端子温度为起始温度在一个所述检测周期内的温升，其中预设的第二关系为试验条件下所述充电接口的功率端子温度与以该功率端子温度为起始温度在一个所述检测周期内的温升之间的关系。

（4）根据所述当前检测周期内的温升、所述试验条件下以该起始功率端子温度为起始温度在一个所述检测周期内的温升和所述当前检测周期内所述充电接口的散热功率计算比例系数。

（5）根据所述比例系数和所述当前检测周期内的充电电流，计算所述下一检测周期内的充电电流。

3. 根据权利要求2所述的充电电流调节方法，其特征在于，所述试验条件包括选取多个样本充电接口，对所述多个样本充电接口在不同的初始温度下接通额定电流。

4. 根据权利要求3所述的充电电流调节方法，其特征在于，根据以下公式计算所述比例系数：

$$K_1 = \frac{C_1 m_1 \Delta T_{tN}/t + P_2}{C_1 m_1 \Delta T/t + P_2}$$

式中，K_1 为所述比例系数；C_1 为所述充电接口内导体的比热容；m_1 为所述充电接口内导体的质量，ΔT_{tN} 为所述当前检测周期内的温升；ΔT 为所述试验条件下以该起始功率端子温度为起始温度在一个所述检测周期内的温升；P_2 为所述当前检测周期内所述充电接口的散热功率。

5. 根据权利要求4所述的充电电流调节方法，其特征在于，根据以下公式计算所述下一检测周期内的充电电流：

$$I_{t(N+1)} = \sqrt{\frac{1}{K_1}} \times I_{tN}$$

式中，$I_{t(N+1)}$ 为所述下一检测周期内的充电电流；I_{tN} 为所述当前检测周期内的充电电流。

6. 根据权利要求 5 所述的充电电流调节方法,其特征在于,还包括设定充电电流下限值。

如果计算得到的所述下一检测周期内的充电电流小于所述充电电流下限值,则将所述充电电流下限值作为所述下一检测周期内的充电电流。

7. 一种非临时性计算机可读存储介质,其上存储有计算机程序,其特征在于,该程序被处理器执行时实现根据权利要求 1~6 中任一所述的充电电流调节方法。

8. 一种充电电流调节装置,其特征在于,包括:温度检测模块,用于在每个检测周期内检测充电接口的功率端子温度,以获取所述充电接口的温度变化情况;电流检测模块,用于在每个检测周期内检测充电电流;控制模块,用于根据当前检测周期内的所述充电接口的温度变化情况和充电电流对下一检测周期内的充电电流进行调节。

9. 根据权利要求 8 所述的充电电流调节装置,其特征在于,所述控制模块用于:

(1) 根据所述当前检测周期内的起始功率端子温度和截止功率端子温度,获取所述当前检测周期内的温升。

(2) 根据所述当前检测周期内的截止功率端子温度和预设的第一关系,获取所述当前检测周期内所述充电接口的散热功率,其中预设的第一关系为试验条件下所述充电接口的散热功率与所述充电接口的功率端子温度之间的关系。

(3) 根据所述当前检测周期内的起始功率端子温度和预设的第二关系,获取所述试验条件下以该起始功率端子温度为起始温度在一个所述检测周期内的温升,其中预设的第二关系为试验条件下所述充电接口的功率端子温度与以该功率端子温度为起始温度在一个所述检测周期内的温升之间的关系。

(4) 根据所述当前检测周期内的温升、所述试验条件下以该起始功率端子温度为起始温度在一个所述检测周期内的温升和所述当前检测周期内所述充电接口的散热功率计算比例系数。

(5) 根据所述比例系数和所述当前检测周期内的充电电流,计算所述下一检测周期内的充电电流。

10. 根据权利要求 9 所述的充电电流调节装置,其特征在于,所述试验条件包括选取多个样本充电接口,对所述多个样本充电接口在不同的初始温度下接通额定电流。

11. 根据权利要求 10 所述的充电电流调节装置,其特征在于,所述控制模块根据以下公式计算所述比例系数:

$$K_1 = \frac{C_1 m_1 \Delta T_{tN}/t + P_2}{C_1 m_1 \Delta T/t + P_2}$$

式中,K_1 为所述比例系数;C_1 为所述充电接口内导体的比热容;m_1 为所述充电接口内导体的质量;ΔT_{tN} 为所述当前检测周期内的温升;ΔT 为所述试验条件下以该起始功率端子温度为起始温度在一个所述检测周期内的温升;P_2 为所述当前检测周期内所述充电接口的散热功率。

12. 根据权利要求 11 所述的充电电流调节装置,其特征在于,所述控制模块根据以下公式计算所述下一检测周期内的充电电流:

$$I_{t(N+1)} = \sqrt{\frac{1}{K_1}} \times I_{tN}$$

式中，$I_{t(N+1)}$ 为所述下一检测周期内的充电电流；I_{tN} 为所述当前检测周期内的充电电流。

13. 根据权利要求 12 所述的充电电流调节装置，其特征在于，所述控制模块中还设定充电电流下限值，其中，所述控制模块在计算得到的所述下一检测周期内的充电电流小于所述充电电流下限值时，将所述充电电流下限值作为所述下一检测周期内的充电电流。

三、技术领域

本发明涉及电动汽车技术领域，特别涉及一种充电电流调节方法、一种非临时性计算机可读存储介质和一种充电电流调节装置。

四、背景技术

目前，能源问题和环境问题推动新能源汽车数量爆发性成长，新能源汽车保有量不断攀升。与传统燃油汽车相比，新能源汽车具有节能环保的巨大优势。然而，新能源汽车中的重点发展对象电动汽车存在充电时间周期长的缺陷。现阶段利用增大充电功率来缩短电动汽车的充电时间是普遍使用的方案之一，但随之而来的问题是充电接口的接线端子发热严重，导致接线端子烧毁或充电故障，整车无法进行正常充电。

相关技术中对充电接口配备温度监测和过温保护功能，但该功能的实现方式基本都是设定一个温度上限值，在检测到充电接口温度达到此值时，直接由电动汽车的充电机或相关控制单元控制充电停止。对于该实现方式，如果温度上限值设定较大，则在充电接口长时间地达到或接近温度上限值时，充电接口的材料容易发生老化，而这种高温老化是不可恢复的；如果温度上限值设定较小，则充电时常会在较短时间内就达到温度上限值，这样会频繁停止充电，导致充电难以正常完成，影响用户对电动汽车的使用。

五、发明内容

本发明旨在至少在一定程度上解决上述存在的技术问题之一。为此，本发明的一个目的是提出一种充电电流调节方法，能够有效防止充电接口过温，不仅能够有效保护充电接口，还能够保障充电正常完成。

本发明的第二个目的是提出一种非临时性计算机可读存储介质。

本发明的第三个目的是提出一种充电电流调节装置。

为达到上述目的，本发明第一方面实施例提出了一种充电电流调节方法，该方法包括以下步骤：在每个检测周期内检测充电接口的功率端子温度以获取所述充电接口的温度变化情况，并检测充电电流；根据当前检测周期内的所述充电接口的温度变化情况和充电电流对下一检测周期内的充电电流进行调节。

根据本发明实施例的充电电流调节方法，通过在每个检测周期内检测充电接口的功率端子温度以获取充电接口的温度变化情况，并检测充电电流，以根据当前检测周期内的充电接口的温度变化情况和充电电流对下一检测周期内的充电电流进行调节，由此，能够有效防止充电接口过温，不仅能够有效保护充电接口，还能够保障充电正常完成。

为达到上述目的，本发明第二方面实施例提出了一种非临时性计算机可读存储介质，其上存储有计算机程序，该程序被处理器执行时实现本发明第一方面实施例提出的充电电流调节方法。

根据本发明实施例的非临时性计算机可读存储介质,通过执行其存储的计算机程序,能够有效防止充电接口过温,不仅能够有效保护充电接口,还能够保障充电正常完成。

为达到上述目的,本发明第三方面实施例提出了一种充电电流调节装置,该装置包括:温度检测模块,用于在每个检测周期内检测充电接口的功率端子温度以获取所述充电接口的温度变化情况;电流检测模块,用于在每个检测周期内检测充电电流;控制模块,用于根据当前检测周期内的所述充电接口的温度变化情况和充电电流对下一检测周期内的充电电流进行调节。

根据本发明实施例的充电电流调节装置,通过在每个检测周期内检测充电接口的功率端子温度以获取充电接口的温度变化情况,并检测充电电流,以便控制模块根据当前检测周期内的充电接口的温度变化情况和充电电流对下一检测周期内的充电电流进行调节,由此,能够有效防止充电接口过温,不仅能够有效保护充电接口,还能够保障充电正常完成。

本发明的附加方面和优点将在下面的描述中部分给出,部分将从下面的描述中变得明显,或通过对本发明的实践进行了解。

六、附图说明

附图1为根据本发明实施例的充电电流调节方法的流程图。

附图2为根据本发明一个实施例的充电接口的功率端子结构示意图。

附图3为根据本发明一个实施例的散热功率与功率端子温度之间的关系曲线图。

附图4为根据本发明一个实施例的温升与功率端子温度之间的关系曲线图。

附图5为根据本发明实施例的充电电流调节装置的方框示意图。

七、具体实施方式

下面详细描述本发明的实施例,所述实施例的示例在附图中示出,其中自始至终相同或类似的标号表示相同或类似的元件,或具有相同或类似功能的元件。下面通过参考附图描述的实施例是示例性的,旨在用于解释本发明,而不能理解为对本发明的限制。

下面结合附图来描述本发明实施例的充电电流调节方法和装置。

附图1为根据本发明实施例的充电电流调节方法的流程图。

如附图1所示,本发明实施例的充电电流调节方法,包括以下步骤。

S1:在每个检测周期内检测充电接口的功率端子温度以获取充电接口的温度变化情况,并检测充电电流。

本发明实施例的充电接口可包括充电插头和充电插座,当充电插头和充电插座连接时,充电设备如充电桩可为待充电设备如电动汽车进行充电。

功率端子为传输充电电流的端子,其可在充电过程中发热。充电接口还可包括信号端子,用以在充电设备如充电桩和待充电设备如电动汽车之间进行信号传输,信号端子由于传输微小信号,其在充电过程中一般不会发热。

如附图2所示,当充电插头和充电插座连接时,二者的功率端子,即充电插头端子可与充电插座端子相连接,充电插头端子与充电插座端子可压接至对应的导线。在本发明的一个实施例中,出于设计和工艺的要求,充电插头端子、充电插座端子、端子压接点和部分导线可位于充电接口内部。在充电过程中,充电接口内的充电插头端子、充电插座端子、端子压接点和部分导线的金属部分等导体发热并吸热,并且充电接口内部分导线的绝缘层等向外散热。

　　根据发热、吸热和散热的关系，可得出发热功率 P_0、吸热功率 P_1 和散热功率 P_2 之间的关系：

$$P_0 = P_1 + P_2 \tag{1}$$

　　而吸热功率 P_1 决定充电接口的功率端子发热情况，即充电接口的温度变化情况。

　　在本发明的一个实施例中，如附图 2 所示，可在充电插座端子的端子压接点处设置温度传感器以检测充电接口的功率端子温度。

　　进一步可将检测充电接口的功率端子温度的整个过程划分为多个检测周期，在每个检测周期检测该检测周期起始时间点的起始功率端子温度 $T_{起始}$ 和该检测周期截止时间点的截止功率端子温度 $T_{截止}$，并根据截止功率端子温度 $T_{截止}$ 和起始功率端子温度 $T_{起始}$ 之差求得该检测周期内的温升。

　　一般地，在本发明实施例的充电电流调节方法下，一个检测周期内的电流不发生变化。因此，充电电流可为一个检测周期内任意时间点检测到的充电电流。在本发明的一个实施例中，充电电流还可为一个检测周期内的平均充电电流。

　　S2：根据当前检测周期内的充电接口的温度变化情况和充电电流对下一检测周期内的充电电流进行调节。

　　在本发明的一个实施例中，可根据当前检测周期内的充电接口的温度变化情况计算得到比例系数，然后根据该比例系数和当前检测周期内的充电电流计算得到下一检测周期内的充电电流。在下一检测周期内，控制充电电流为该计算得到的下一检测周期内的充电电流，便可有效防止下一检测周期内的充电电流过高。

　　应当理解，由于下一检测周期内的充电电流是根据当前检测周期内的所述充电接口的温度变化情况和充电电流进行调节的，通过设定每个检测周期的时长，便能够控制充电电流调节的精度。对应地，每个检测周期越短，充电电流调节的精度越高。

　　进一步地，可获取试验条件下充电接口的散热功率与充电接口的功率端子温度之间的关系，并作为预设的第一关系，进而获取试验条件下充电接口的功率端子温度与以该功率端子温度为起始温度在一个检测周期内的温升之间的关系作为预设的第二关系。其中，上述预设的第一关系可根据试验条件下充电接口的功率端子温度、充电接口的功率端子阻值等参数得到。其中，试验条件包括选取多个样本充电接口，对多个样本充电接口在不同的初始温度下接通额定电流。

　　具体地，可根据需求选取多个（例如三个）样本充电接口，而且每个样本充电接口的规格和本发明实施例所要调节充电电流的充电接口的规格相同。在试验条件下同样可在样本充电接口的充电插座端子的端子压接点处设置温度传感器，并在每个检测周期检测样本充电接口的功率端子温度。

　　首先使一个样本充电接口的功率端子温度达到初始温度 T_0，例如可在环境温度为 T_0 的条件下进行试验。然后测量样本充电接口的功率端子阻值 R_0，再对该样本充电接口接通额定电流 I_0，直至温度传感器的温度值达到温度平衡 $T_{平衡}$，或达到充电接口的耐热上限温度 $T_{停}$，其中，充电接口的耐热上限温度 $T_{停}$ 可为充电接口内各材料的最低耐热温度。

　　在对该样本充电接口接通额定电流 I_0 的过程中，实时获取温度传感器的温度值 T 和样本充电接口的功率端子阻值 R。

同时,可测量样本充电接口内导体的质量 m_1,根据上述公式(1),可得:

$$n \times I_0^2 \times R = C_1 m_1 \Delta T / t + P_2 \tag{2}$$

式中,n 为样本充电接口的功率端子数量;C_1 为样本充电接口内导体的比热容;t 为一个检测周期的时间;ΔT 为一个检测周期内的温升。

依照上述试验方式,通过对多个样本充电接口在不同的初始温度下分别试验,可得到多个试验结果,综合多个试验结果,可得到试验条件下充电接口的散热功率与充电接口的功率端子温度之间关系,即预设的第一关系、试验条件下充电接口的功率端子温度与以该功率端子温度为起始温度在一个检测周期内的温升之间的关系,即预设的第二关系。其中,预设的第一关系可如附图 3 所示,充电接口的散热功率 P_2 随着充电接口的功率端子温度 T 的升高而增大,直到功率端子温度 T 达到 $T_{平衡}$ 或 $T_{停}$,而充电接口的散热功率 P_2 的变化率逐渐减小;预设的第二关系可如附图 4 所示,以该功率端子温度为起始温度在一个检测周期内的温升 ΔT 随着该功率端子温度 T 的升高而增大,直到功率端子温度达到 $T_{平衡}$ 或 $T_{停}$,而温升 ΔT 的变化率逐渐减小。

在本发明的一个实施例中,在得到上述预设的第一关系和预设的第二关系后,可根据当前检测周期内的起始功率端子温度和截止功率端子温度获取当前检测周期内的温升,并根据当前检测周期内的截止功率端子温度和预设的第一关系获取当前检测周期内充电接口的散热功率,以及根据当前检测周期内的起始功率端子温度和预设的第二关系获取试验条件下以该起始功率端子温度为起始温度在一个检测周期内的温升,并根据当前检测周期内的温升、试验条件下以该起始功率端子温度为起始温度在一个检测周期内的温升和当前检测周期内充电接口的散热功率计算比例系数 K_1。

进一步地,可根据以下公式计算比例系数 K_1:

$$K_1 = \frac{C_1 m_1 \Delta T_{tN} / t + P_2}{C_1 m_1 \Delta T / t + P_2} \tag{3}$$

式中,C_1 为充电接口内导体的比热容;m_1 为充电接口内导体的质量;ΔT_{tN} 为当前检测周期内的温升;ΔT 为试验条件下以该起始功率端子温度为起始温度在一个检测周期内的温升;P_2 为当前检测周期内充电接口的散热功率。

另外,根据上述公式(2)所示出的关系,结合公式(3)不难得到:

$$K_1 = \frac{n \times I_{tN}^2 \times R_{tN}}{n \times I_0^2 \times R} \tag{4}$$

式中,I_{tN} 为当前检测周期内的充电电流;R_{tN} 为当前检测周期内的截止功率端子温度下充电接口的功率端子阻值;R 为试验条件下该截止功率端子温度下充电接口的功率端子阻值。

应当理解,若在不同初始温度下,无论充电接口的匹配性能、充电接口的磨损老化程度如何,均保证充电接口的发热量等于上述试验条件下的发热量,则可保证充电接口的温升速率不大于上述试验条件下的温升速率。因此,在本发明的实施例中,可使下一检测周期 $t(N+1)$ 的发热功率 P_0 与试验时相同,从而可保证充电接口的发热功率处于较低的水平。令下一检测周期 $t(N+1)$ 的发热功率 P_0 与试验时相同,即:

$$n \times I_{t(N+1)}^2 \times R_{t(N+1)} = n \times I_0^2 \times R \tag{5}$$

式中，$I_{t(N+1)}$ 为所述下一检测周期内的充电电流；$R_{t(N+1)}$ 为下一检测周期内的截止功率端子温度下充电接口的功率端子阻值。

将关系式(5)代入上述公式(4)，可得：

$$I_{t(N+1)} = \sqrt{\frac{R_{tN}}{K_1 \times R_{t(N+1)}}} \times I_{tN} \tag{6}$$

一般检测周期较短，因此相邻检测周期内的温升较小，功率端子阻值的变化也较小，即 $\frac{R_{tN}}{R_{t(N+1)}} \approx 1$。因此可得：

$$I_{t(N+1)} = \sqrt{\frac{1}{K_1}} \times I_{tN} \tag{7}$$

由此，在计算得到比例系数 K_1 后，可根据比例系数 K_1 和当前检测周期内充电电流计算下一检测周期内的充电电流，即根据该公式(7)计算下一检测周期内的充电电流。

另外，在本发明的一个实施例中，还可根据用户需求等设定充电电流下限值，如果计算得到的下一检测周期内的充电电流小于充电电流下限值，则将充电电流下限值作为下一检测周期内的充电电流，从而可防止因充电电流过低而影响充电速率。

并且，在当前实际充电过程中，也可在充电接口的功率端子温度达到充电接口的耐热上限温度 $T_停$ 时停止充电，还可在充电接口的功率端子温度超过试验条件下的温度平衡 $T_{平衡}$ 且小于耐热上限温度 $T_停$ 时将充电电流降低至充电电流下限值。

综上所述，根据本发明实施例的充电电流调节方法，通过在每个检测周期内检测充电接口的功率端子温度以获取充电接口的温度变化情况，并检测充电电流，以根据当前检测周期内的充电接口的温度变化情况和充电电流对下一检测周期内的充电电流进行调节，由此，能够有效防止充电接口过温，不仅能够有效保护充电接口，还能够保障充电正常完成。

对应上述实施例，本发明还提出一种非临时性计算机可读存储介质。

本发明实施例的非临时性计算机可读存储介质，其上存储有计算机程序，该程序被处理器执行时可实现本发明上述实施例提出的充电电流调节方法。

根据本发明实施例的非临时性计算机可读存储介质，通过执行其存储的计算机程序，能够有效防止充电接口过温，不仅能够有效保护充电接口，还能够保障充电正常完成。

为实现上述实施例的充电电流调节方法，本发明还提出一种充电电流调节装置。

如附图5所示，本发明实施例的充电电流调节装置，包括温度检测模块10、电流检测模块20和控制模块30。

其中，温度检测模块10用于在每个检测周期内检测充电接口的功率端子温度以获取充电接口的温度变化情况；电流检测模块20用于在每个检测周期内检测充电电流；控制模块30用于根据当前检测周期内的充电接口的温度变化情况和充电电流对下一检测周期内的充电电流进行调节。

本发明实施例的充电接口可包括充电插头和充电插座，当充电插头和充电插座连接时，充电设备如充电桩可为待充电设备如电动汽车充电。

　　功率端子为传输充电电流的端子,其可在充电过程中发热。充电接口还可包括信号端子,用以在充电设备如充电桩和待充电设备如电动汽车之间进行信号传输,信号端子由于传输微小信号,其在充电过程中一般不会发热。

　　如附图2所示,当充电插头和充电插座连接时,二者的功率端子,即充电插头端子可与充电插座端子相连接,充电插头端子与充电插座端子可压接至对应的导线。在本发明的一个实施例中,出于设计和工艺的要求,充电插头端子、充电插座端子、端子压接点和部分导线可位于充电接口内部。在充电过程中,充电接口内的充电插头端子、充电插座端子、端子压接点和部分导线的金属部分等导体发热并吸热,并且充电接口内部分导线的绝缘层等向外散热。

　　根据发热、吸热和散热的关系,可得出发热功率 P_0、吸热功率 P_1 和散热功率 P_2 之间的关系:

$$P_0 = P_1 + P_2 \tag{1}$$

而吸热功率 P_1 决定充电接口的功率端子发热情况,即充电接口的温度变化情况。

　　在本发明的一个实施例中,如附图2所示,可在充电插座端子的端子压接点处设置温度传感器,温度检测模块10可通过该温度传感器检测充电接口的功率端子温度。

　　进一步地,可将检测充电接口的功率端子温度的整个过程划分为多个检测周期,温度检测模块10在每个检测周期检测该检测周期起始时间点的起始功率端子温度 $T_{起始}$ 和该检测周期截止时间点的截止功率端子温度 $T_{截止}$,并根据截止功率端子温度 $T_{截止}$ 和起始功率端子温度 $T_{起始}$ 之差求得该检测周期内的温升。

　　一般在本发明实施例的充电电流调节装置的控制下,一个检测周期内的电流不发生变化。因此,充电电流可为电流检测模块20在一个检测周期内任意时间点检测到的充电电流。在本发明的一个实施例中,充电电流还可为一个检测周期内的平均充电电流。

　　在本发明的一个实施例中,控制模块30可根据当前检测周期内的充电接口的温度变化情况计算得到比例系数,然后根据该比例系数和当前检测周期内的充电电流计算得到下一检测周期内的充电电流。在下一检测周期内,控制模块30控制充电电流为该计算得到的下一检测周期内的充电电流,便可有效防止下一检测周期内的充电电流过高。

　　应当理解,由于下一检测周期内的充电电流是根据当前检测周期内的所述充电接口的温度变化情况和充电电流进行调节的,通过设定每个检测周期的时长,便能够控制充电电流调节的精度。对应地,每个检测周期越短,充电电流调节的精度越高。

　　进一步地,可获取试验条件下充电接口的散热功率与充电接口的功率端子温度之间的关系作为预设的第一关系,并获取试验条件下充电接口的功率端子温度与以该功率端子温度为起始温度在一个检测周期内的温升之间的关系作为预设的第二关系。其中,上述预设的第一关系可根据试验条件下充电接口的功率端子温度、充电接口的功率端子阻值等参数得到。其中,试验条件包括选取多个样本充电接口,对多个样本充电接口在不同的初始温度下接通额定电流。

　　具体地,可根据需求选取多个(例如三个)样本充电接口,其中,每个样本充电接口的规格和本发明实施例所要调节充电电流的充电接口的规格相同。在试验条件下同样可在样本充电接口的充电插座端子的端子压接点处设置温度传感器,并在每个检测周期检测样本充电接口的功率端子温度。

首先使一个样本充电接口的功率端子温度达到初始温度 T_0,例如可在环境温度为 T_0 的条件下进行试验。然后测量样本充电接口的功率端子阻值 R_0,再对该样本充电接口接通额定电流 I_0,直至温度传感器的温度值达到温度平衡 $T_{平衡}$,或达到充电接口的耐热上限温度 $T_{0停}$,其中,充电接口的耐热上限温度 $T_{0停}$ 可为充电接口内各材料的最低耐热温度。

在对该样本充电接口接通额定电流 I_0 的过程中,实时获取温度传感器的温度值 T 和样本充电接口的功率端子阻值 R。

同时,可测量样本充电接口内导体的质量 m_1,根据上述公式(1),可得:

$$n \times I_0^2 \times R = C_1 m_1 \Delta T/t + P_2 \qquad (2)$$

式中,n 为样本充电接口的功率端子数量;C_1 为样本充电接口内导体的比热容;t 为一个检测周期的时间;ΔT 为一个检测周期内的温升。

依照上述试验方式,通过对多个样本充电接口在不同的初始温度下分别试验,可得到多个试验结果,综合多个试验结果,可得到试验条件下充电接口的散热功率与充电接口的功率端子温度之间的关系,即预设的第一关系、试验条件下充电接口的功率端子温度与以该功率端子温度为起始温度在一个检测周期内的温升之间的关系,即预设的第二关系。其中,预设的第一关系可如附图 3 所示,充电接口的散热功率 P_2 随着充电接口的功率端子温度 T 的升高而增大,直到功率端子温度 T 达到 $T_{平衡}$ 或 $T_{停}$,而充电接口的散热功率 P_2 的变化率逐渐减小;预设的第二关系可如附图 4 所示,以该功率端子温度为起始温度在一个检测周期内的温升 ΔT 随着该功率端子温度 T 的升高而增大,直到功率端子温度达到 T 平衡或 T 停,而温升 ΔT 的变化率逐渐减小。

可对上述预设的第一关系和预设的第二关系进行存储,并在进行充电电流调节时由控制模块 30 调取。

在本发明的一个实施例中,控制模块 30 可根据当前检测周期内的起始功率端子温度和截止功率端子温度获取当前检测周期内的温升,并根据当前检测周期内的截止功率端子温度和预设的第一关系获取当前检测周期内充电接口的散热功率,以及根据当前检测周期内的起始功率端子温度和预设的第二关系获取试验条件下以该起始功率端子温度为起始温度在一个检测周期内的温升,并根据当前检测周期内的温升、试验条件下以该起始功率端子温度为起始温度在一个检测周期内的温升和当前检测周期内充电接口的散热功率计算比例系数 K_1。

进一步地,控制模块 30 可根据以下公式计算比例系数 K_1:

$$K_1 = \frac{C_1 m_1 \Delta T_{tN}/t + P_2}{C_1 m_1 \Delta T/t + P_2} \qquad (3)$$

式中,C_1 为充电接口内导体的比热容;m_1 为充电接口内导体的质量;ΔT_{tN} 为当前检测周期内的温升;ΔT 为试验条件下以该起始功率端子温度为起始温度在一个检测周期内的温升;P_2 为当前检测周期内充电接口的散热功率。

另外,根据上述公式(2)所示出的关系,结合公式(3)不难得到:

$$K_1 = \frac{n \times I_{tN}^2 \times R_{tN}}{n \times I_0^2 \times R} \qquad (4)$$

式中，I_{tN} 为当前检测周期内的充电电流；R_{tN} 为当前检测周期内的截止功率端子温度下充电接口的功率端子阻值；R 为试验条件下该截止功率端子温度下充电接口的功率端子阻值。

应当理解，若在不同初始温度下，无论充电接口的匹配性能、充电接口的磨损老化程度如何，均保证充电接口的发热量等于上述试验条件下的发热量，则可保证充电接口的温升速率不大于上述试验条件下的温升速率。因此，在本发明的实施例中，可使下一检测周期 $t(N+1)$ 的发热功率 P_0 与试验时相同，从而可保证充电接口的发热功率处于较低的水平。令下一检测周期 $t(N+1)$ 的发热功率 P_0 与试验时相同，即：

$$n \times I_{t(N+1)}^2 \times R_{t(N+1)} = n \times I_0^2 \times R \tag{5}$$

式中，$I_{t(N+1)}$ 为所述下一检测周期内的充电电流；$R_{t(N+1)}$ 为下一检测周期内的截止功率端子温度下充电接口的功率端子阻值。

将关系式（5）代入上述公式（4），可得：

$$I_{t(N+1)} = \sqrt{\frac{R_{tN}}{K_1 \times R_{t(N+1)}}} \times I_{tN} \tag{6}$$

一般地，检测周期较短，因此相邻检测周期内的温升较小，功率端子阻值的变化也较小，$\frac{R_{tN}}{R_{t(N+1)}} \approx 1$。因此可得：

$$I_{t(N+1)} = \sqrt{\frac{1}{K_1}} \times I_{tN} \tag{7}$$

由此，在计算得到比例系数 K_1 后，控制模块 30 可根据比例系数 K_1 和当前检测周期内充电电流计算下一检测周期内的充电电流，即控制模块 30 可根据该公式（7）计算下一检测周期内的充电电流。

另外，在本发明的一个实施例中，还可根据用户需求等在控制模块 30 中设定充电电流下限值等设定充电电流下限值，控制模块 30 可在计算得到的下一检测周期内的充电电流小于充电电流下限值时，将充电电流下限值作为下一检测周期内的充电电流，从而可防止因充电电流过低而影响充电速率。

并且，在当前实际充电过程中，控制模块 30 也可在充电接口的功率端子温度达到充电接口的耐热上限温度 $T_{停}$ 时停止充电，还可在充电接口的功率端子温度超过试验条件下的温度平衡 $T_{平衡}$ 且小于耐热上限温度 $T_{停}$ 时将充电电流降低至充电电流下限值。

根据本发明实施例的充电电流调节装置，通过在每个检测周期内检测充电接口的功率端子温度以获取充电接口的温度变化情况，并检测充电电流，以便控制模块根据当前检测周期内的充电接口的温度变化情况和充电电流对下一检测周期内的充电电流进行调节，由此，能够有效防止充电接口过温，不仅能够有效保护充电接口，还能够保障充电正常完成。

在本发明的描述中，需要理解的是，术语"中心""纵向""横向""长度""宽度""厚度""上""下""前""后""左""右""竖直""水平""顶""底""内""外""顺时针""逆时针""轴向""径向""周向"等指示的方位或位置关系为基于附图所示的方位或位置关系，仅是为了便于描述本发明和简化描述，而不是指示或暗示所指的装置或元件必须具有特定的方位、以特定的方位构造和操作，因此不能理解为对本发明的限制。

此外,术语"第一""第二"仅用于描述目的,而不能理解为指示或暗示相对重要性或者隐含指明所指示的技术特征的数量。由此,限定有"第一""第二"的特征可以明示或者隐含地包括一个或者更多个该特征。在本发明的描述中,"多个"的含义是两个或两个以上,除非另有明确具体的限定。

在本发明中,除非另有明确的规定和限定,术语"安装""相连""连接""固定"等术语应做广义理解,例如,可以是固定连接,也可以是可拆卸连接,或成一体;可以是机械连接,也可以是电连接;可以是直接相连,也可以通过中间媒介间接相连,可以是两个元件内部的连通或两个元件的相互作用关系。对于本领域的普通技术人员而言,可以根据具体情况理解上述术语在本发明中的具体含义。

在本发明中,除非另有明确的规定和限定,第一特征在第二特征"上"或"下"可以是第一和第二特征直接接触,或第一和第二特征通过中间媒介间接接触。而且,第一特征在第二特征"之上""上方"和"上面"可是第一特征在第二特征正上方或斜上方,或仅仅表示第一特征水平高度高于第二特征。第一特征在第二特征"之下""下方"和"下面"可以是第一特征在第二特征正下方或斜下方,或仅仅表示第一特征水平高度小于第二特征。

在本说明书的描述中,参考术语"一个实施例""一些实施例""示例""具体示例"或"一些示例"等的描述意指结合该实施例或示例描述的具体特征、结构、材料或者特点包含于本发明的至少一个实施例或示例中。在本说明书中,对上述术语的示意性表述不必须针对的是相同的实施例或示例。而且,描述的具体特征、结构、材料或者特点可以在任一个或多个实施例或示例中以合适的方式结合。此外,在不相互矛盾的情况下,本领域的技术人员可以将本说明书中描述的不同实施例或示例以及不同实施例或示例的特征进行结合和组合。

说明书附图如下。

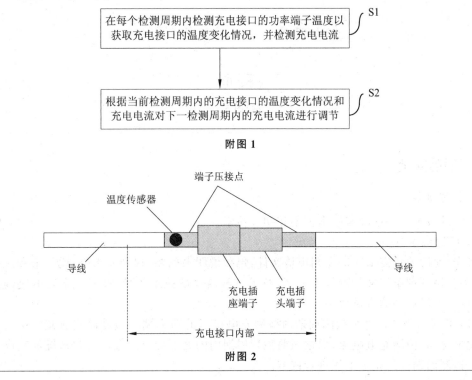

附图1

附图2

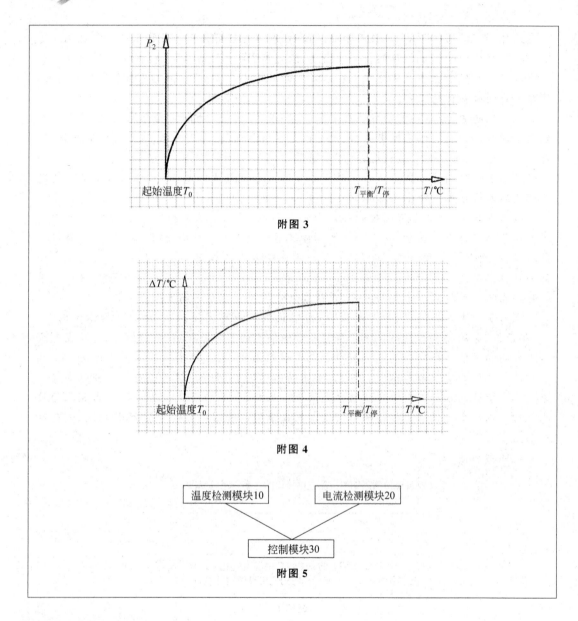

附图 3

附图 4

附图 5

6.1.3 项目实施

1. 检索准备

检索准备工作包括确定检索范围和初步检索。

1）确定检索范围

首先，通读项目需求中的专利申请文件，包括说明书摘要、权利要求书、说明书和说明书附图，确定该专利申请文件的技术方案、技术方案所属的技术领域、技术方案要解决的技术问题、技术方案达到的有益效果。

（1）技术方案：在每个检测周期内检测充电接口的功率端子温度以获取充电接口的温度变化情况，并检测充电电流；根据当前检测周期内的充电接口的温度变化情况和充电电流对下一检测周期内的充电电流进行调节。

（2）技术方案所属的技术领域：电动汽车技术领域，特别涉及一种充电电流调节方法、一种非临时性计算机可读存储介质和一种充电电流调节装置。

（3）技术方案要解决的技术问题：充电接口过温保护装置的温度上限值难以控制，无法有效防止充电接口过温，也无法有效保护充电接口。

（4）技术方案达到的有益效果：能够有效防止充电接口过温，不仅能够有效保护充电接口，还能够保障充电正常完成。

其次，重点阅读权利要求书，确定独立权利要求中的技术特征点。专利查新检索需要对检索到的现有技术与权利要求书中的技术特征逐项对比分析，由于独立权利要求相对于从属权利要求的保护范围最大，专利查新检索最先将独立权利要求的技术特征与检索到的现有技术进行对比分析，因此，在检索工作开展之前，还必须提取出独立权利要求中的所有的技术特征点。

在项目需求给出的权利要求中，权利要求 1 是方法类独立权利要求，权利要求 2~6 是独立权利要求 1 的从属权利要求；权利要求 7、权利要求 8 分别是与独立权利要求 1 具有单一性的产品独立权利要求，权利要求 9~13 是独立权利要求 8 的从属权利要求。因此，本案例将重点对独立权利要求 1 的特征对比分析过程进行详细阐述，其他权利要求的特征对比分析过程与之类似，不再赘述。

独立权利要求 1：一种充电电流调节方法，其特征在于，包括以下步骤：在每个检测周期内检测充电接口的功率端子温度以获取所述充电接口的温度变化情况，并检测充电电流；根据当前检测周期内的所述充电接口的温度变化情况和充电电流对下一检测周期内的充电电流进行调节。

独立权利要求 1 的技术特征点归纳如下：充电电流调节；检测功率端子温度获取温度变化情况；检测当前周期的充电电流；根据温度变化情况和当前周期的充电电流调节下一周期的充电电流。

上述技术特征点的集合便构成了本案例的检索范围，即检索过程都是基于上述技术特征点展开的。

2）初步检索

初步检索的主要目的是要获取到项目需求的技术方案对应的国际专利分类号 IPC 以及主要的竞争对手的专利信息。

在 Patentics 网页版首页的一框式命令行输入：R/充电电流调节 AND CTOP/10000，单击"检索"按钮进行初步检索，可以获得与本项目需求的技术方案相关的前 10 000 篇专利文献，从这 10 000 篇专利文献的"数据分析"标签页的"国际分类"中可以获取排名前三的 IPC 分类号，如图 6-1 所示，精确到 IPC 大组，分别为 H02J、H01M 和 G01R，以作为分类号联合检索的依据。

如果不采用语义排序字段（R/），也可以用标题字段（TTL/）、权利要求字段（ACLM/）、组合检索字段（A/）等。例如，在一框式命令行输入：A/（（调节 OR 改变）adjn/10（充电电流）），单击"检索"按钮进行初步检索，获得的检索结果中，IPC 分类号排名前三的分别为 H02J、H01M 和 H02M。

综上所述，可以将不同字段进行的初步检索结果中的 IPC 分类号进行综合判断，取 H02J、H01M、H02M 和 G01R 为正式检索的分类号。

图 6-1　初步检索获取的 IPC 分类号

此外,通过检索式(R/)充电电流调节 AND CTOP/10000,还可以获取该技术领域的主要竞争对手信息,如图 6-2 所示,"二维分析"标签下有申请人、标准化申请人、法律状态、地区等扩展列表,打开"申请人"扩展列表,就可以获得专利申请量排名前十的竞争对手。如果想详细研究竞争对手的专利布局状况,可以单击申请人名称,然后对该申请人的专利进行二次分析,以获取有价值的信息。

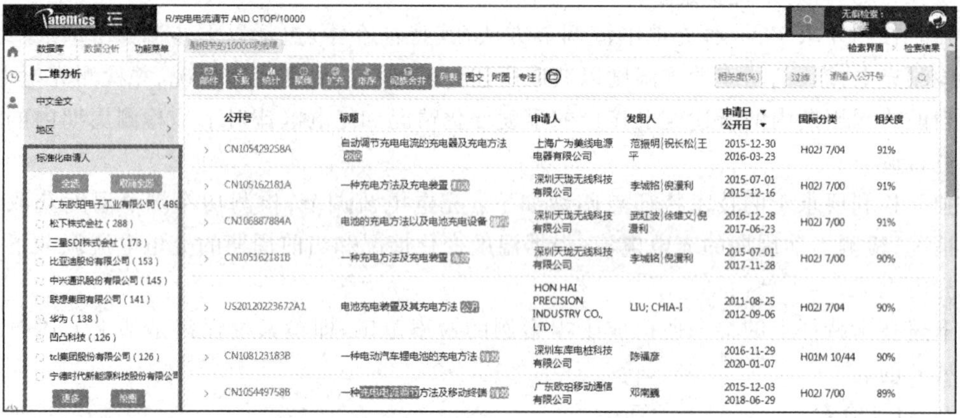

图 6-2　初步检索获取的竞争对手分析示例

2. 确定检索要素

检索要素一般包括与技术特征相关的关键词和国际专利分类号。对于关键词,从上述技术特征点中提取关键词:检测、温度变化、调节、充电电流。对于国际专利分类号,从上述初步检索结果得到:H02J、H01M、H02M 和 G01R。

3. 选择检索数据平台

选择索意互动研发的 Patentics 商业系统平台作为项目实施的工具。

4. 表达检索要素

对于关键词的表达,应当从形式、意义和角度三个维度进行全面表达;对于分类号表达,选用国际专利分类号 IPC,并精确到 IPC 小类。表 6-1 给出了检索要素表达参考示例。

表 6-1 检索要素表达参考示例

检索主题：充电电流调节的方法和装置				
检索数据库：Patentics				
表 达 形 式		检 索 要 素			
		基本检索要素 1	基本检索要素 2	基本检索要素 3	基本检索要素 4
关键词	中文	充电电流、充电 adjn/2 电流	检测、监测、监控、测量、采集、采样	温度变化、温度 adjn/2 变化	调节、调整
	英文	CHARGING adj/2 CURRENT $	DETECT * OR EXAMIN * OR MONITOR * OR MEASUR * OR COLLECT *	TEMPERATURE $ adjn/2 CHANG *	ADJUST *
分类号	IPC	H02J、H01M、H02M 和 G01R			

5. 构建检索式

表 6-2 中的检索式仅供参考,除了表 6-2 中用到的检索字段,其他诸如引用和被引用字段等也可以作为补充检索的检索式,这里就不专门构建了。

表 6-2 检索式参考示例

#	Search String
1	A/((检测 OR DETECT *) AND (温度变化 OR "TEMPERATURE $ adjn/2 CHANG * "))
2	A/((充电电流 OR "CHARGING adj/1 CURRENT $ ") adjn/2 (调节 OR ADJUST *))
3	**S/1 AND S/2**
4	A/(((检测 OR 监测 OR 监控 OR 测量 OR 采集 OR 采样 OR DETECT * OR EXAMIN * OR MONITOR * OR MEASUR * OR COLLECT *) nwn (周期 OR 时间段 OR CYCLE $ OR PERIOD $)) AND ((温度 OR TEMPERATURE $) nwn (变化 OR CHANG *)))
5	A/((调节 OR ADJUST *) nwn (充电电流 OR (CHARGING adjn/5 CURRENT $)))
6	S/4 AND S/5
7	**S/6 ANDNOT S/3**
8	A/((检测 OR 监测 OR 监控 OR 测量 OR 采集 OR 采样 OR DETECT * OR EXAMIN * OR MONITOR * OR MEASUR * OR COLLECT *) AND ((温度 OR TEMPERATURE $) nwn (变化 OR 升高 OR 降低 OR CHANG * OR INCREAS * OR DECREAS * OR REDUC *)))
9	A/((调节 OR 调整) adjn/2 (充电电流)) or a/((ADJUST *) adjn/2 ("CHARGING" adjn/2 "CURRENT $ "))
10	S/8 AND S/9
11	**10 ANDNOT (3 OR 7)**
12	A/((检测 OR 监测 OR 监控 OR 测量 OR 采集 OR 采样 OR DETECT * OR EXAMIN * OR MONITOR * OR MEASUR * OR COLLECT *) AND (温升 OR 温度增量 OR 温度增加 OR 温度升高 OR (TEMPERATURE $ adjn/2 (RISE OR RISING OR INCREAS *))) AND (热功率 OR (THERMAL ajdn/2 POWER)))
13	A/((充电 adjn/2 电流) OR (CHARGING adjn/2 CURRENT $))

续表

#	Search String
14	S/12 AND S/13
15	**14 ANDNOT (3 OR 7 OR 11)**
16	SPEC/((检测 OR 监测 OR DETECT＊ OR MONITOR＊) AND (温升 OR 升温 OR 温度增量 OR 温度增加 OR 温度升高 OR (TEMPERATURE＄ adjn/2 (RISE OR RISING OR INCREAS＋))) AND (热功率 OR (THERMAL adjn/2 POWER)) AND (系数 OR COEFFICIENT＄))
17	SPEC/((调节 OR ADJUST＊) nwn (充电电流 OR ("CHARGING adjn/1 CURRENT＄")))
18	S/16 AND S/17
19	**S/18 ANDNOT (S/3 OR S/7 OR S/11 OR S/15)**
20	SPEC/((检测 OR 监测 OR 监控 OR 测量 OR 采集 OR 采样 OR DETECT＊ OR EXAMIN＊ OR MONITOR＊ OR MEASUR＊ OR COLLECT＊) AND (温升 OR 升温 OR 温度增量 OR 温度增加 OR 温度升高 OR (TEMPERATURE＄ adjn/2 (RISE OR RISING OR INCREAS＊))) AND (热功率 OR (THERMAL adjn/2 POWER)) AND (系数 OR 比例 OR 比值 OR COEFFICIENT＄ OR PROPORTION＊ OR RATIO＄ OR SCAL＊))
21	SPEC/((调节 OR 计算 OR 获取 OR 获得 OR ADJUST＊ OR CALCULAT＊ OR ACQUISIT＊ OR OBTAIN＊) nw (充电 OR CHARG＊) nw (电流 OR CURRENT＄))
22	IPC/(H01M10/44 OR H01M10/46 OR H01M10/48 OR H04M01/725 OR H02J07/00 OR H02J07/04 OR H02J07/06 OR H02J07/10)
23	20 AND 21 AND 22
24	**23 ANDNOT (3 OR 7 OR 11 OR 15 OR 19)**
25	SPEC/((检测 OR 监测 OR 监控 OR 测量 OR 采集 OR 采样 OR DETECT＊ OR EXAMIN＊ OR MONITOR＊ OR MEASUR＊ OR COLLECT＊) AND (((温度 OR TEMPERATURE＄) adjn/2 (升高 OR 增量 OR 增加 OR 变化 OR RISING OR INCREAS＊ OR CHANG＊)) OR 温升) AND (热功率 OR (THERMAL adjn/2 POWER)) AND (系数 OR 比例 OR 比值 OR COEFFICIENT＄ OR PROPORTION＊ OR RATIO＄ OR SCAL＊) AND (周期 OR PERIOD＄))
26	SPEC/((调节 OR 调整 OR 控制 OR 计算 OR 获取 OR 获得 OR ADJUST＊ OR CONTROL＊ OR CALCULAT＊ OR ACQUISIT＊ OR OBTAIN＊) nwn ((充电 OR CHARG＊) adjn/2 (电流 OR CURRENT＄)))
27	IPC/(H02J OR H01M OR H02M OR G01R)
28	S/25 AND S/26 AND S/27
29	**S/28 ANDNOT (S/3 OR S/7 OR S/11 OR S/15 OR S/19 OR S/24)**

6. 浏览检索结果

浏览基于上述检索式获得的检索结果,找出 2 篇核心专利作为对比文件,用于影响项目需求中的技术方案。其中:

对比文件 1:公开号为 CN101847885A、名称为"铅酸蓄电池自维护递减慢脉冲快速充电法"的中国发明专利,可以影响技术方案的新颖性;

对比文件 2:公开号为 CN102723746A、名称为"一种基于策略的太阳能并行充电控制系统"的中国发明专利,可以影响技术方案的创造性。

7. 对比分析判断

两篇核心专利与项目需求中的技术方案涉及的特征对比分析如表 6-3 所示。

表 6-3 检索到的核心专利与项目需求中的技术方案的特征对比分析示例

方 案	对应权项	CN101847885A (X)	CN102723746A (Y)
一种充电电流调节方法,其特征在于,包括以下步骤:在每个检测周期内检测充电接口的功率端子温度以获取所述充电接口的温度变化情况,并检测充电电流;根据当前检测周期内的所述充电接口的温度变化情况和充电电流对下一检测周期内的充电电流进行调节	1	Claim 2: 根据权利要求 1 所述的铅酸蓄电池自维护递减慢脉冲快速充电法,其特征在于:…… 2.1 充电器按照事先设定的慢脉冲充电方式,以预先设定的初始充电电流进行充电;同时,充电器的微处理模块根据铅酸蓄电池各单格检测电路模块通过总线通信传输过来的某采样时刻的铅酸蓄电池的各单格端电压 $U_i(k)$ 和铅酸蓄电池的各单格温度 $T_i(k)$,按制高原则确定此采样时刻的铅酸蓄电池的端电压 $U(k)$;通过二次微分获得此时刻铅酸蓄电池各单格的温升变化率 $d2T_i(k)$。 2.2 ……,同时,在充电回路中定周期采样铅酸蓄电池充电电流,…… …… 2.10 充电器的微处理模块发送电平信号至放电模块,启动短时放电操作,放电操作完成后,进行充电电流调整	说明书第[0069]~[0078]段: 如图 5 所示,所述的第一 A/D 采样单元的工作流程如下: (101)完成充电电流测量; (102)完成蓄电池 3 两端的电压测量; (103)完成蓄电池 3 充电过程中的温度升高测量; (104)将检测到的这些参数保存到数据通信区; (105)进行两次采样间延时。 如图 6 所示,所述的蓄电池充电状态计算单元的工作流程如下: (201)从数据通信区取出电压、电流和温升的测量值; (202)根据测量值和该蓄电池 3 已充电时长计算出当前充电所处阶段; (203)计算下一步蓄电池 3 充电需要的电流值
分析意见		—	从说明书和附图记载的内容可以看出,温度升高测量是"温度变化情况"的下位概念
一种充电电流调节装置,其特征在于,包括:温度检测模块,用于在每个检测周期内检测充电接口的功率端子温度以获取所述充电接口的温度变化情况	2a	Claim 1: 铅酸蓄电池自维护递减慢脉冲快速充电法,其特征在于:在铅酸蓄电池各单格内安装温度传感器和检测电路模块;所述的检测电路模块包括单格电压及温度采样电路、单片机、采样信号调理电路。 说明书第[0015]段: 2.1 充电器按照事先设定的慢脉冲充电方式,以预先设定的初始充电电流进行充电;同时,充电器的微处理模块根据铅酸蓄电池各单格检测电路模块通过总线通信传输过来的某采样时刻的铅酸蓄电池的各单格端电压 $U_i(k)$ 和铅酸蓄电池的各单格温度 $T_i(k)$,按制高原则确定此采样时刻的铅酸蓄电池的端电压 $U(k)$;通过二次微分获得此时刻铅酸蓄电池各单格的温升变化率 $d2T_i(k)$	Claim 2: 根据权利要求 1 所述的一种基于策略的太阳能并行充电控制系统,其特征在于,所述的充电控制电路包括第一单片机模块、电流控制模块、第一电流测量模块、第一电压测量模块、温升测量模块。 说明书第[0015]段: 第一电流测量模块、第一电压测量模块、温升测量模块对蓄电池充电过程中的各参数变化进行实时检测,……

续表

方　案	对应权项	CN101847885A（X）	CN102723746A（Y）
分析意见		—	从权利要求和说明书记载的内容可以看出，温升测量模块对温度变化（温升）进行检测
电流检测模块，用于在每个检测周期内检测充电电流	2b	Claim 1： 铅酸蓄电池自维护递减慢脉冲快速充电法，其特征在于：在铅酸蓄电池各单格内安装温度传感器和检测电路模块；所述的检测电路模块包括单格电压及温度采样电路、单片机、采样信号调理电路。 说明书第[0020]段： 2.2 按照步骤2.1中的处理方法进行定周期采样，获得定周期内的铅酸蓄电池的端电压采样序列 U(0)，各单格温升变化率采样序列 d2Ti(0)；同时，在充电回路中定周期采样铅酸蓄电池充电电流，得到序列 I(0)	说明书第[0014]段： ……，所述的第一 A/D 采样单元分别与第一电流测量模块、第一电压测量模块、温升测量模块连接，…… 说明书第[0016]～[0017]段： 所述的第一 A/D 采样单元的工作流程如下： (101)完成充电电流测量；……
分析意见		—	—
控制模块用于根据当前检测周期内的所述充电接口的温度变化情况和充电电流对下一检测周期内的充电电流进行调节	2c	说明书第[0015]段： 2.1 ……，铅酸蓄电池的各单格温度 Ti(k)，按得高原则确定此采样时刻的铅酸蓄电池的端电压 U(k)；通过二次微分获得此时刻铅酸蓄电池各单格的温升变化率 d2Ti(k) 说明书第[0020]段： 2.2 按照步骤2.1中的处理方法进行定周期采样，获得定周期内的铅酸蓄电池的端电压采样序列 U(0)，各单格温升变化率采样序列 d2Ti(0)；同时，在充电回路中定周期采样铅酸蓄电池充电电流，得到序列 I(0)。 说明书第[0042]段： 2.10 充电器的微处理模块发送电平信号至放电模块，启动短时放电操作，放电操作完成后，进行充电电流调整，充电电流稳定后进行判断，若电流值小于 0.5A 则转入步骤 2.11；否则，转入步骤 2.1	说明书第[0015]段： ……，蓄电池充电状态计算单元根据上述检测到的参数和蓄电池的特性参数就计算出蓄电池充电状态结果，并将蓄电池充电状态结果传递到策略控制器，然后根据策略控制器反馈回来的策略控制指令对蓄电池充电状态计算单元的结果进行充电参数调整，最后将调整后的参数传送到 PWM 控制单元，PWM 控制单元通过控制输出的脉宽来控制电流控制模块器件的导通时长，从而实现对充电电流的控制。 说明书第[0022]～[0025]段： 所述的蓄电池充电状态计算单元的工作流程如下： (201)从数据通信区取出电压、电流和温升的测量值； (202)根据测量值和该蓄电池已充电时长计算出当前充电所处阶段； (203)计算下一步蓄电池充电需要的电流值
分析意见		—	—

　　应当注意，特征对比分析判断是建立在对技术方案和技术特征点充分理解、对专利法律中规定的新颖性和创造性深入理解和有效判断的基础之上的，在对比分析判断过程中，难免会存在理解上的细微偏差，一定程度上可谓"仁者见仁，智者见智"。因此，在检索分析过程

中,检索者应当基于自身的深度理解,充分、详细地阐述分析意见。

8. 检索中止

由于通过浏览检索结果已经找到了能够影响项目中的技术方案新颖性或创造性的核心专利。因此,检索步骤中就可以省略"检索策略调整",检索即可中止。

9. 检索报告

申请名称:充电电流调节方法和装置

1) 新颖性评述

权利要求1公开了一种充电电流调节方法,其特征在于,包括以下步骤:在每个检测周期内检测充电接口的功率端子温度以获取所述充电接口的温度变化情况,并检测充电电流;根据当前检测周期内的所述充电接口的温度变化情况和充电电流对下一检测周期内的充电电流进行调节。

对比文件1(CN101847885A)是最接近的对比文件,公开了充电器的微处理模块根据传送的数据进行充电过程的自适应控制的步骤如下。

2.1 充电器按照事先设定的慢脉冲充电方式,以预先设定的初始充电电流进行充电;同时,充电器的微处理模块根据铅酸蓄电池各单格检测电路模块通过总线通信传输过来的某采样时刻的铅酸蓄电池的各单格端电压 $U_i(k)$ 和铅酸蓄电池的各单格温度 $T_i(k)$,按制高原则确定此采样时刻的铅酸蓄电池的端电压 $U(k)$;通过二次微分获得此时刻铅酸蓄电池各单格的温升变化率 $d2T_i(k)$。

2.2 ……,同时,在充电回路中定周期采样铅酸蓄电池充电电流,……

2.10 充电器的微处理模块发送电平信号至放电模块,启动短时放电操作,放电操作完成后,进行充电电流调整。

对比文件1中公开的铅酸蓄电池的各单格温度 $T_i(k)$ 即权利要求1中的充电接口的功率端子温度,铅酸蓄电池各单格的温升变化率 $d2T_i(k)$ 即权利要求1中的温度变化情况,采样铅酸蓄电池充电电流即权利要求1中的检测充电电流,充电器进行充电电流调整即权利要求1中的充电电流调节。由此可见,权利要求1的技术方案已经被完全公开,因此权利要求1不具备新颖性,不符合《专利法》第22条第2款的规定。

对比文件1未公开从属权利要求2～6的技术方案,因此权利要求2～6具备新颖性,符合《专利法》第22条第2款的规定。

权利要求7公开了一种非临时性计算机可读存储介质,其上存储有计算机程序,其特征在于,该程序被处理器执行时实现根据权利要求1～6中任意所述的充电电流调节方法。由于权利要求7公开的技术方案没有被对比文件1公开,也检索不到能破坏权利要求7新颖性的专利文献,因此权利要求7具备新颖性,符合《专利法》第22条第2款的规定。

权利要求8公开了一种充电电流调节装置,其特征在于,包括:温度检测模块,用于在每个检测周期内检测充电接口的功率端子温度以获取所述充电接口的温度变化情况;电流检测模块,用于在每个检测周期内检测充电电流;控制模块,用于根据当前检测周期内的所述充电接口的温度变化情况和充电电流对下一检测周期内的充电电流进行调节。

对比文件1中公开的检测电路模块(包括单格电压及温度采样电路)即权利要求8中的温度检测模块,铅酸蓄电池的各单格温度 $T_i(k)$ 即权利要求8中的功率端子温度,铅酸蓄电池各单格的温升变化率 d2Ti(k)即权利要求 8 中的温度变化情况,采样信号调理电路即权利要求 8 中的电流检测模块,采样铅酸蓄电池充电电流即权利要求 8 中的检测充电电流,微处理模块即权利要求 8 中的控制模块,充电器的微处理模块进行充电电流调整即权利要求 8 中的对下一检测周期内的充电电流进行调节。由此可见,权利要求 8 的技术方案已经被完全公开,因此权利要求 8 不具备新颖性,不符合《专利法》第 22 条第 2 款的规定。

对比文件 1 未公开从属权利要求 9~13 的技术方案,因此权利要求 9~13 具备新颖性,符合《专利法》第 22 条第 2 款的规定。

2) 创造性评述

独立权利要求 1、8 不具备新颖性,因此在此不评论权利要求 1、8 的创造性。

独立权利要求 7 具备新颖性,而对比文件 2(CN102723746A)也未公开其区别技术特征,该区别技术特征也不是本技术领域的公知常识,因此,独立权利要求 7 具有非显而易见性,具备创造性,符合《专利法》第 22 条第 3 款的规定。

从属权利要求 2~6、9~13 具备新颖性,而对比文件 2 也未公开其区别技术特征,该区别技术特征也不是本技术领域的公知常识。因此,权利要求 2~6、9~13 具有非显而易见性,具备创造性,符合专利法第 22 条第 3 款的规定。

6.2　"苏州市区块链产业创新发展态势"的专利导航检索分析

6.2.1　产业专利导航概述

产业专利导航是以专利信息资源利用和专利检索、分析为基础,把专利运用嵌入产业技术创新、产品创新、组织创新和商业模式创新之中,引导和支撑产业科学发展的一项探索性工作。产业专利导航的主要目的是探索建立专利信息分析与产业运行决策深度融合、专利创造与产业创新能力高度匹配、专利布局对产业竞争地位保障有力、专利价值实现对产业运行效益有效支撑的工作机制,推动产业的专利协同运用,培育形成专利导航产业发展新模式。

6.2.2　项目需求

A 研究院最近要提交一份关于苏州市区块链产业创新发展态势的分析报告,请从专利大数据分析视角,撰写一份"苏州市区块链产业创新发展态势"的专利导航检索分析报告。

6.2.3　项目实施

1. 检索准备

检索准备工作包括确定区块链技术分类和初步检索。

1) 确定区块链技术分类

区块链被认为是继互联网之后的颠覆性技术革命与创新。在互联网时代,特别是移动互联网浪潮改变了传统信息流的传递方式。在后互联网时代,区块链作为信任构建器,将可能改变互联网模式下信息价值的传递方式。

区块链可以理解为一种分布式基础架构和创新计算模式,通过块链结构验证与存储数据,通过分布式节点一致性算法生成和更新数据,通过加密技术确保数据安全传输和访问,通过自动化脚本构建的智能合约机制来编程和操作数据。

确定检索范围为苏州市企业、高校、科研院所等创新机构申请的区块链技术相关的发明专利和实用新型专利,作为分析样本。

在查阅大量文献的基础上,构建如表 6-4 所示的区块链产业四级技术分类表,技术分解力度随级数增加而越来越细,这些细分的技术分支将构成导航检索的基本检索要素。

表 6-4　区块链产业四级技术分类表示例

一级分类	二级分类	三 级 分 类	四 级 分 类
区块链	网络层	P2P 协议 (TCP/HTTP2)	路由发现节点
			节点广播交易
			节点广播区块
			节点自由加入、退出网络
		网络安全	非对称加密算法
			公私钥验证
			哈希散列
		分布式存储	分布式数据库(Paxos/Raft)
			崩溃容错技术
			拜占庭容错技术(PBFT/SBFT)
	共识层	可信节点 (适于公有链)	工作量证明 PoW
			权益证明 PoS
			股权收益证明 DPoS 或授权权益证明 DPoS
	数据层	数据结构	时间戳(无法篡改)
			哈希指针签名
			Merkle 树(默克尔树)
			Merkle Patricia 树
			Merkle Bucket 树
			区块链表
		数据模型	基于交易的模型(交易输入输出可追溯)
			基于账户的模型(快速查询账户余额和状态)
		区块存储	日志文件格式
			LevelDB
	智能合约层	编程语言	Script 脚本
			Solidity/Serpent
			Go/Java
		沙盒环境	EVM 环境
			Docker 环境(容器)

续表

一级分类	二级分类	三 级 分 类	四 级 分 类
区块链	应用层	客户终端	前端技术
			B/S、C/S
			动态交互
		应用领域/场景	信息共享
			产权/版权保护
			物流链
			供应链金融
			跨境支付
			资产数字化
			代币
		为第三方开发者提供 API	API 调用/回调

2）初步检索

初步检索的主要目的是获取项目需求的区块链技术领域的国际专利分类号 IPC。

在 Patentics 网页版首页的一框式命令行输入：R/区块链技术 AND CTOP/10000，单击"检索"按钮进行初步检索，可以获得与区块链技术最相关的前 10000 篇专利文献，从这 10000 篇专利文献的"数据分析"标签页的"国际分类"中可以获取相应的 IPC 分类号，如图 6-3 所示，精确到 IPC 大组，分别为 G06Q、G06F、H04L、G16H、G07C、G06K、H04W、G07F、G06N 和 G16Y，以作为分类号联合检索的依据。

图 6-3　初步检索获取的 IPC 分类号

除此之外，还可以输入：A/（工作量证明 OR 权益证明 OR（区块链 AND（哈希 OR 密钥 OR 莫克尔树 OR 默克尔树）)），获取到的分类号与上述检索式获取到的分类号大致相同。

应当注意，在做产业专利导航检索分析时，专利样本应当尽可能全面，所以这里的分类号不限于排名前三，可以根据实际检索情况适当多取几个分类号，以尽可能多的覆盖区块链分支技术。

2. 确定检索要素

检索要素一般包括与技术特征相关的关键词和国际专利分类号。对于关键词，可以从

表 6-4 中获取。对于国际专利分类号,可以从图 6-3 中获取。

3. 选择检索数据平台

选择索意互动研发的 Patentics 商业系统平台作为项目实施的工具。

4. 构建检索式

表 6-5 中的检索式仅供参考,最终检索苏州的申请人申请的所有与区块链技术相关的发明专利和实用新型专利。除了表 6-5 中用到的检索字段,其他诸如语义检索字段(R/)、说明书检索字段(SPEC/)字段等也可以作为联合检索的检索式,这里就不专门构建了。

表 6-5　检索式参考示例

Query #	Search Strings
1	APD/20050101—20200811
2	NS/苏州
3	IPC/(G06Q OR G06F OR H04L OR G16H OR G07C OR G06K OR H04W OR G07F OR G06N OR G16Y)
4	TTL/(区块链 OR 超块链 OR 公有链 OR 私有链 OR 联盟链 OR 许可链 OR 信任链 OR 以太坊 OR 比特币 OR BLOCK＄CHAIN＄ OR SUPER＄CHAIN＄ OR PUBLIC＄CHAIN＄ OR PRIVATE＄CHAIN＄ OR TRUST＄CHAIN＄ OR ETHEREUM＄ OR BITCOIN＄)
5	A/(块链 OR 超块链 OR 公有链 OR 私有链 OR 联盟链 OR 许可链 OR 信任链 OR 以太坊 OR 比特币 OR BLOCK＄CHAIN＄ OR SUPER＄CHAIN＄ OR PUBLIC＄CHAIN＄ OR PRIVATE＄CHAIN＄ OR TRUST＄CHAIN＄ OR ETHEREUM＄ OR BITCOIN＄)
6	A/(智能合约 OR 工作量证明 OR 权益证明 OR 股权收益证明 OR "SMART CONTRACT" OR PROOF＄OF＄WORK OR PROOF＄OF＄STAKE OR "DELEGATED PROOF−OF−STAKE" OR "DELEGATED PROOF OF STAKE")
7	A/(时间戳 OR 默克尔树 OR 莫克尔树 OR 简单支付验证 OR TIME＄STAMP＄ OR MERKLE＄TREE＄ OR "SIMPLIFIED PAYMENT VERIFICATION" OR UTXO OR "UNSPENT TRANSACTION OUTPUT")
8	A/(去中心 OR 弱中心 OR 多中心 OR 去中介 OR 篡改 OR 窜改 OR 加密 OR ((对等 OR 点到点 OR 点对点) adj/2 (网络 OR 协议 OR 拓扑 OR 结构)) OR 拜占庭容错 OR DECENTRALIZ＊ OR DISINTERMEDIAT＊ OR TAMPER＊ OR P2P OR PEER＄TO＄PEER OR (BYZANTINE adjn/2 FAULT＄TOLERANT))
9	S/1 AND S/2 AND S/3 AND (S/4 OR (S/5 AND (S/6 OR S/7 OR S/8))) AND (NA/1 OR NA/2)

5. 获得检索结果及分析举例

根据表 6-5 中的检索式,得到如图 6-4 所示的检索结果,一共检索到 252 篇专利文献;单击"同族合并"按钮,对检索到的 252 篇专利文献进行简单地同族合并,得到如图 6-5 所示的经同族合并后的 252 篇专利文献,作为专利分析样本。

单击图 6-5 中"数据分析"标签页下的"二维分析"或"多维分析",可以对苏州市区块链产业进行专利分析。在"数据分析"标签下的"二维分析"中,有地区、标准化申请人、申请人、申请日、公开日、授权日、法律状态、地域、国际分类等分析项;此外,还可以通过单击"更多＞＞＞"按钮,添加更多的分析项到"二维分析"中,如图 6-6 所示。

以"标准化申请人"分析为例,单击"二维分析"中的"标准化申请人"扩展列表,可以得到

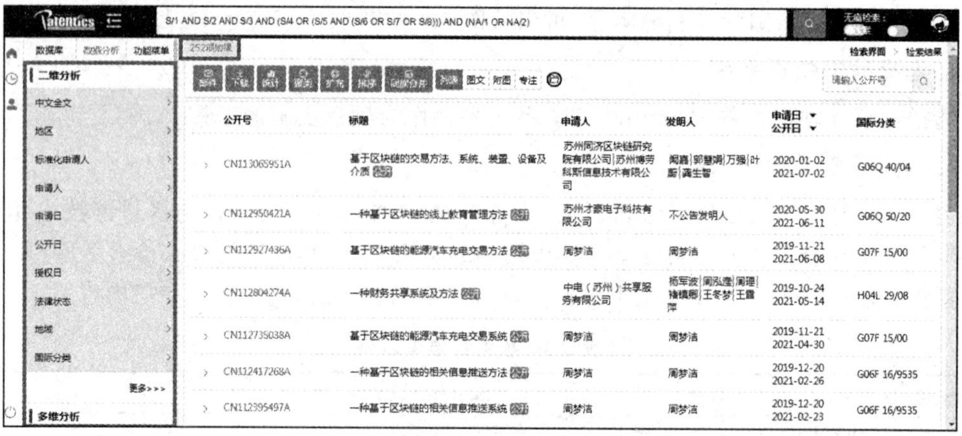

图 6-4　检索结果示例

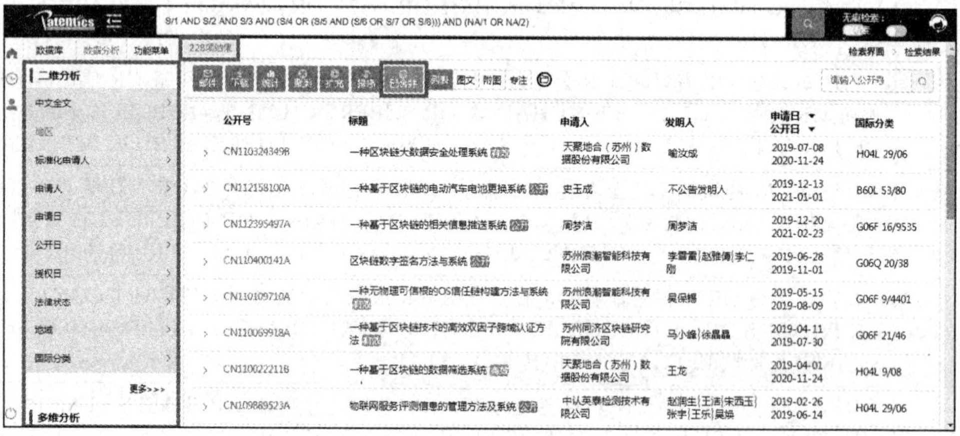

图 6-5　经同族合并后的检索结果示例

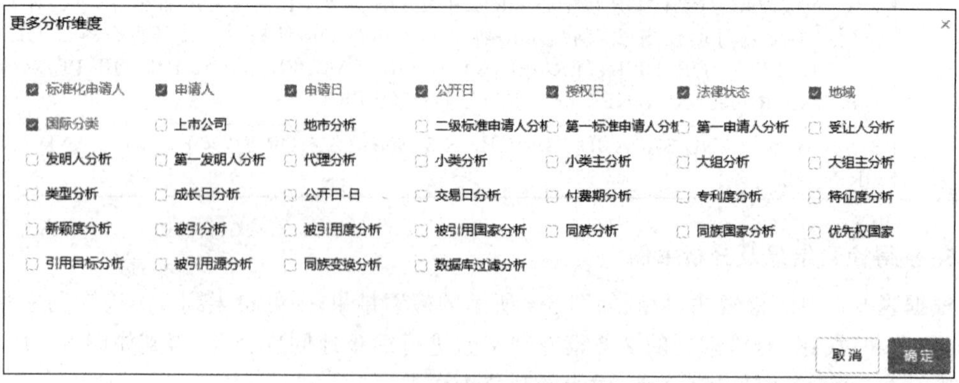

图 6-6　更多分析维度示例

如图 6-7 所示的专利申请量排名前十的标准化申请人。如果想先要查看更多的标准化申请人,可以单击"更多"按钮;如果想对特定的标准化申请人的专利申请做可视化分析,可以先勾选待可视化的标准化申请人,然后单击"绘图"按钮进行可视化呈现。

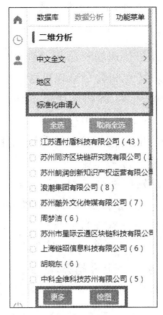

图 6-7 标准化申请人分析示例

例如,勾选排名前十的机构标准化申请人(去除个人标准化申请人),可以得到如图 6-8 所示的标准化申请人柱状图。由于目前 Patentics 尚不支持对系统直接生成图片中的文字字号进行设置,因此文字字号普遍偏小,如果检索分析需要调整图片中的文字,还需要做二次绘图。

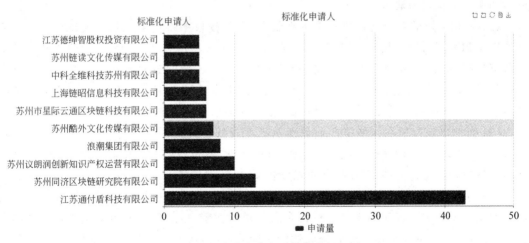

图 6-8 标准化申请人可视化分析示例

其他分析项的可视化分析方法,与"标准化申请人"类似,不再赘述。

最后,应当给出苏州市区块链产业专利导航分析结论与建议。

以下是根据对苏州市区块链技术相关专利样本的申请趋势、公开趋势、技术构成、技术申请趋势、标准化申请人排名、标准化申请人技术构成、标准化申请人专利价值、发明人排名、发明人技术构成、专利法律状态等分析项的分析得出的分析结论与建议,分析的时间区间为 2005 年 1 月 1 日至 2020 年 8 月 11 日,仅供参考。

1. 结论

(1) 苏州区块链专利数量总体呈快速增长态势,但与北京、深圳、杭州、南京相比仍存较大差距。2016 年以来,苏州市区块链专利数量呈现迅猛增长态势,2016 至 2019 年的专利公开数量分别为 1 件、33 件、42 件和 54 件,苏州区块链创新研发机构近几年在政策扶持下加速布局国内市场,产业集聚速度较快。截至 2020 年 7 月,苏州区块链专利总量为 182 件(扩展同族合并统计),而北京、深圳、杭州、南京等城市的专利总量分别为 3515 件、2879 件、1238 件和 439 件,苏州与上述城市相比仍存在较大差距。

(2) 苏州区块链专利创新研发领域集中于 H04L29/06、H04L29/08 和 G06Q20/38 等技术领域。苏州区块链产业创新机构近几年在传输控制规程、支付协议、数据访问安全、分布式数据复制与同步等技术领域有大量专利布局。H04L29/06、H04L29/08 和 G06Q20/38 虽然是排名前三的专利技术领域,但 H04L29/06 技术领域的专利数量总体呈下降趋势,H04L29/08 技术领域的专利数量总体呈上升趋势,G06Q20/38 技术领域的专利数量近 3 年呈快速增长态势。此外,G06F21/60、G06F21/62、G06F16/27 等技术领域在近 3 年也都呈现快速增长态势。

(3) TOP10 专利权人的专利价值总体上偏低,国外同族专利寥寥无几。苏州区块链专利数量排名前十的专利权(申请)人的高价值专利占比平均为 29.3%,高价值专利占比最高的 3 个创新机构分别为中科全维科技(苏州)有限公司(100.0%)、江苏通付盾科技有限公司(85.7%)和苏州超块链信息科技有限公司(83.3%),其中苏州超块链信息科技有限公司有 4 件专利申请量 PCT 专利,国外市场布局意识较强,其他创新机构几乎没有国外同族专利,国际市场布局意识较为缺乏。

(4) 苏州区块链专利大多数处于审查状态,专利授权率将在未来几年大幅增长。苏州区块链专利大多为最近几年申请,64.29% 的专利处于实质审查状态、18.13% 的专利处于公开待审状态、15.28% 专利处于已授权状态、其余专利处于撤回或驳回状态。苏州区块链专利目前只有少部分是已经确权的,授权专利占比较低。考虑到最近几年苏州区块链专利申请量较大,可以预测今后几年苏州区块链授权专利将呈现大幅增长态势。

(5) 苏州高校院所在区块链产业创新贡献度较低,创新引领较弱。苏州区块链专利数量排名前十的创新机构没有出现高校院所,苏州大学、苏州科技大学和常熟理工大学的区块链专利数量均不超过 2 件,产业创新贡献度较低,创新引领较弱。

(6) 苏州区块链产业创新人才团队比较稳定,人才流动率较低。苏州区块链专利申请较多的发明团队主要有江苏通付盾科技有限公司的郭宇(后就职于苏州链原信息科技有限公司)、汪德嘉、王少凡和姜中正等构成的创新团队;苏州链原信息科技有限公司的郭宇、卢艺文、叶存、孙志鹏和胡宇光等构成的创新团队;苏州同济区块链研究院有限公司的马小峰创新团队和苏州酷外文化传媒有限公司的陈水宝创新团队。上述团队成员中除郭宇以外,其他成员均未出现工作变动,人才团队总体比较稳定。

2. 建议

(1) 加快出台市级区块链产业规划和扶持细则,促进产业规模化发展。统筹兼顾区块链产业与人工智能、大数据、物联网和云计算等产业的发展定位,加强市级区块链产业顶层规划,将区块链产业摆在战略前瞻位置进行全域规划;对标北京、深圳、杭州、南京等区块链产业城市典范,加快制定符合苏州社会经济发展的区块链产业扶持细则,精准施策;产业扶持落实阶段性后补助政策,阶段性目标验收通过后才能获得相应的财政补助,从而推动苏州区块链产业快速健康发展。

(2) 鼓励域内企业输出区块链创新成果,培育高价值专利。苏州区块链创新机构应当根据自身产业链定位,加大核心技术和关键技术创新研发力度,以专利产权的形式加大保护力度,使得竞争产品在专利数量上确保优势;此外,在重视专利数量同时,还应当积极培育高价值专利,在技术、市场、法律和经营等方面综合评估和提升创新成果价值,并以合适的布局策略构建竞争壁垒,以确保自身产品和技术的竞争优势。

(3) 增强区块链专利海外布局意识,确保海外市场竞争优势。增强苏州区块链产业核心创新机构的知识产权保护意识,特别是核心技术和关键技术的海外布局意识。创新机构应当根据产品海外销售战略,积极申请 PCT 专利,在产品和技术的潜在输出国家或地区提前布局核心专利,以确保自身产品和技术在海外市场的竞争优势。

(4) 加大高校院所基础研究力度,落实科技成果转移转化。鼓励苏州本地高校院所加大区块链技术基础领域研究力度,特别是区块链行业当前面临的技术瓶颈或空白点进行基础性研究;引导苏州区块链创新机构密切跟踪产业前沿技术,加强创新企业与高校院所进行联合技术攻关;高校院所也应当加强与企业之间的协同创新;强化科技成果向行业和企业转移转化,促进科技成果产业落地,以打通产学研用的"最后一公里"。

(5) 构建苏州区块链产业联盟,提升苏州区块链产业竞争力。加快构建苏州区块链产业联盟,以创新机构和科研院所为主体,联盟成员共享优质资源;鼓励行业"独角兽"企业或标杆型企业引领联盟成员进行技术创新和优势互补;支持产业联盟联合研究并制定行业或技术标准以推动区块链技术可持续发展;加强与国内其他城市区块链产业联盟或协会之间的信息交流与资源共享,推动区域合作与项目落地,以提升苏州区块链产业竞争力。

(6) 积极引进区块链产业人才,助力产业发展迈上新台阶。加大引智力度,在全球公开招募区块链产业领军人才和项目入驻,吸引区块链研发、运营或创新人才到域内创业和就业;此外,苏州高校院所应当结合域内区块链产业需求,加快培养区块链研究型和应用型人才,以适应不同产业层次的岗位需求;建立区块链人才资源库,定期更新,为区块链相关创新机构提供人才信息,从而优化域内区块链产业人才生态系统,助力产业发展迈上新台阶。

📋 课后习题

(1) 南京某研究院最近要给政府部门提交一份关于"南京市区块链产业创新"的咨询报告,请从专利大数据分析视角,按照专利文献检索的基本步骤,撰写一份"南京市区块链产业创新发展态势"的检索分析报告。检索分析报告应符合以下要求。

① 专利文献检索的基本步骤。

② 检索分析应当包括近十年申请量走势、申请人 TOP10 排名、发明人 TOP10 排名、IPC TOP10 排名、法律状态、专利转让许可状况等统计指标。

③ 检索分析报告封面写上报告名称、撰写人姓名。

(2) 请综合运用 Patentics 检索字段,构建合适的检索策略,重点从技术创新视角,撰写一份关于"苏州市相对南京市在区块链产业创新的差异化发展战略"的分析报告。

（3）华为公司于 2018 年 8 月 3 日申请了名称为"一种触控装置及方法"、公开号为 CN110794976A 的发明专利,该发明专利的权利要求书如下。

权利要求 1：一种触控装置,其特征在于,包括触摸屏、处理器和一个用于放置触控笔的笔槽;所述笔槽中安装有感应装置,所述感应装置用于检测所述笔槽中放置的触控笔被拿起,以及用于产生信号;所述处理器,用于根据所述信号控制所述触摸屏在当前界面上叠加显示书写界面;所述触摸屏,用于在当前界面上显示书写界面;所述触摸屏,还用于接收所述触控笔的触控,以及在所述书写界面上显示所述触控产生的路径。

权利要求 2：根据权利要求 1 所述的装置,其特征在于,所述书写界面具有背景色或透明色。

权利要求 3：根据权利要求 2 所述的装置,其特征在于,当所述触控装置处于待机状态时,所述书写界面具有背景色。

权利要求 4：根据权利要求 2 所述的装置,其特征在于,当所述触摸屏显示辅流数据对应的界面、应用程序的操作界面、系统桌面中的至少一种时,所述书写界面具有透明色。

权利要求 5：根据权利要求 4 所述的装置,其特征在于,所述触摸屏还用于显示控制按钮;所述处理器还用于检测所述触控笔开始接触所述书写界面的位置;所述触摸屏,还用于当所述位置位于所述控制按钮的感应区域时,显示执行所述控制按钮对应的操作的界面;或者所述触摸屏,还用于当所述位置位于所述控制按钮的感应区域之外的区域时,显示所述触控产生的书写路径。

权利要求 6：根据权利要求 1 至 5 任意一项所述的装置,其特征在于,所述笔槽中安装有磁铁或卡扣,所述触控笔通过所述磁铁或卡扣固定在所述笔槽中。

权利要求 7：一种触控方法,其特征在于,包括以下步骤：触控装置通过安装在所述触控装置笔槽中的感应装置检测所述笔槽中放置的触控笔被拿起,所述触控笔被拿起用于触发所述触控装置在当前界面上叠加显示书写界面;所述触控装置通过所述触控装置的触摸屏在当前界面上叠加显示书写界面;所述触控装置通过所述触摸屏接收所述触控笔的触控;所述触控装置在所述书写界面上显示所述触控产生的路径。

权利要求 8：根据权利要求 7 所述的方法,其特征在于,所述书写界面具有背景色或透明色。

权利要求 9：根据权利要求 8 所述的方法,其特征在于,当所述触控装置处于待机状态时,所述书写界面具有背景色。

权利要求 10：根据权利要求 8 所述的方法,其特征在于,当所述触摸屏显示辅流数据对应的界面、应用程序的操作界面、系统桌面中的至少一种时,所述书写界面具有透明色。

权利要求 11：根据权利要求 10 所述的方法,其特征在于,所述触控装置还通过所述触摸屏显示控制按钮;所述方法还包括：所述触控装置检测所述触控笔开始接触所述书写界面的位置;当所述位置位于所述控制按钮的感应区域时,所述触控装置通过所述触摸屏显示执行所述控制按钮对应的操作的界面;或者当所述位置位于所述控制按钮的感应区域之外的区域时,所述触控装置通过所述触摸屏显示所述触控产生的书写路径。

权利要求 12：根据权利要求 7 至 11 任意一项所述的方法,其特征在于,所述触控装置通过所述笔槽中安装的磁铁或卡扣将所述触控笔固定在所述笔槽中。

假设华为公司在 2018 年 6 月 20 日委托你对该发明专利申请进行查新检索,请出具一份专利查新检索报告。

（4）截至 2021 年 8 月，江苏省共有"双高计划"高等职业院校 20 所，包括江苏农林职业技术学院、无锡职业技术学院、常州信息职业技术学院、江苏农牧科技职业学院、南京信息职业技术学院、常州机电职业技术学院和江苏经贸职业技术学院等高水平学校建设单位 7 所，以及江苏建筑职业技术学院、常州工程职业技术学院、江苏工程职业技术学院、江苏海事职业技术学院、江苏食品药品职业技术学院、南通航运职业技术学院、苏州工艺美术职业技术学院、苏州农业职业技术学院、南京铁道职业技术学院、南通职业大学、苏州工业职业技术学院、无锡商业职业技术学院和徐州工业职业技术学院等高水平专业群建设单位 13 所。请检索上述 20 所高等职业院校的发明专利和实用新型专利转让状况，并撰写一份"江苏省双高计划院校专利转让现状、问题及对策"的研究报告。

参 考 文 献

[1] 商琦,陈洪梅.区块链技术创新态势专利情报实证[J].情报杂志,2019,38(4):23-28+59.

[2] 商琦.职业院校专利转化现状与效能提升——基于江苏"双高计划"院校数据分析[J].中国职业技术教育,2020(6):86-90.

[3] 商琦,陈洪梅.基于专利视角的边缘计算技术创新态势分析[J].高技术通讯,2020,30(7):755-763.

[4] 商琦,陈洪梅.边缘计算领域核心专利挖掘——基于专利引证视角[J].科技管理研究,2020,40(20):166-172.

[5] 田志兵,薛娟,周同.科技情报检索[M].2版.北京:清华大学出版社,2010.

[6] 孟俊娥,周胜生.专利检索策略及应用[M].北京:知识产权出版社,2010.

[7] 武兰芬,姜军.专利检索与分析精要[M].北京:知识产权出版社,2018.

[8] 王宝筠,那彦琳.专利申请文件撰写实战教程[M].北京:知识产权出版社,2021.

[9] 国家知识产权局专利局专利审查协作江苏中心.跟着审查员学检索[M].北京:知识产权出版社,2020.

附录 A

GB/T 7714—2015《信息与文献 参考文献著录规则》摘录

A.1 信息与文献、参考文献著录格式及示例

A.1.1 专著著录格式

主要责任者.题名:其他题名信息[文献类型标识/文献载体标识].其他责任者.版本项.出版地:出版者,出版年:引文页码[引用日期].获取和访问路径.数字对象唯一标识符.

示例:

[1] 陈登原.国史旧闻:第 1 卷[M].北京:中华书局,2000:29.

[2] 哈里森,沃尔德伦.经济数学与金融数学[M].谢远涛,译.北京:中国人民大学出版社,2012:235-236.

[3] 北京市政协民族和宗教委员会,北京联合大学民族与宗教研究所.历代王朝与民族宗族[M].北京:民族出版社,2012:112.

[4] 全国信息与文献标准化技术委员会.信息与文献 都柏林核心元数据元素集:GB/T 25100-2010[S].北京:中国标准出版社,2010:2-3.

[5] 徐光宪,王祥云.物质结构[M].北京:科学出版社,2010.

[6] 牛志明,斯温兰德,雷光春.综合湿地管理国际研讨会论文集[C].北京:海洋出版社,2012.

[7] 中国第一历史档案馆,辽宁省档案馆.中国明朝档案总汇[A].桂林:广西师范大学出版社,2001.

[8] 杨保军.新闻道德论[D/OL].北京:中国人民大学出版社,2010[2012-11-01]. http://apabi.lib.pku.edu.cn/usp/pku/pub.mvc?pid = book.detail&metaid = m. 20101104-BPO-889-1023&cult=CN.

[9] 赵学功.当代美国外交[M/OL].北京:社会科学文献出版社,2001[2014-06-11]. http://www.cadal.zju.edu.cn/book/trySinglePage/33023884/1.

[10] YUFIN S A. Geoecology and computers: proceedings of the Third International Conference on Advances of Computer Methods in Geoenvironmental Engineering,Moscow,Russia,February 1-4,2000[C].Rotterdam: A. A. Balkema,2000.

[11] FAN X,SOMMERS C H. Food irradiation research and technology. 2nd ed.

Ames,Iowa：Blackwell Publishing,2013：25-26[2014-06-26].http://onlinelibrary.Wiley.com/doi/10.1002/9781118422557.ch2/summary.

A.1.2 专著中的析出文献著录格式

析出文献主要责任者、析出文献题名[文献类型标识、文献载体标识].析出文献其他责任者//专著主要责任者.专著题名：其他题名信息.版本项.出版地：出版者,出版年：析出文献的页码[引用日期].获取和访问路径.数字对象唯一标识符.

示例：

[1] 程根伟.1998 年长沙洪水的成因与减灾对策[M]//许厚泽,赵其国.长江流域洪涝灾害与科技对策.北京：科学出版社,1999：32-36.

[2] 陈晋镳,张惠民,朱士兴,等.蓟县震旦亚界研究[M]//中国地质科学院天津地质矿产研究所.中国震旦亚界.天津：天津科学技术出版社,1980：56-114.

[3] 马克思.政治经济学批判[M]//马克思,恩格斯.马克思恩格斯全集：第 35 卷.北京：人民出版社,2013：302.

[4] 贾东琴,柯平.面向数字素养的高校图书馆数字服务体系研究[C]//中国图书馆学会.中国图书馆学会年会论文集：2011 年卷.北京：国家图书馆出版社,2011：45-52.

A.1.3 连续出版物著录格式

主要责任者.题名：其他题目信息[文献类型标识/文献载体标识].年,卷(期)-年,卷(期).出版地：出版者,出版年[引用日期].获取和访问路径.数字对象唯一标识符.

示例：

[1] 中华医学会湖北分会.临床内科杂志[J].1984,1(1)-.武汉：中华医学会湖北分会,1984-.

[2] 中国图书馆学会.图书馆学通讯[J].1957(1)-1990(4).北京：北京图书馆,1957-1990.

[3] American Association for the Advancement of Science.Science[J].1883,1(1)-.Washington,D.C.：American Association for the Advancement of Science,1883-.

A.1.4 专利文献著录格式

专利申请者或所有者.专利题名：专利号[文献类型标识/文献载体标识].公告日期或公开信息[引用日期].获取和访问路径.数字对象唯一标识符.

示例：

[1] 邓一刚.全智能节电器：200610171314.3[P].2006-12-13.

[2] 西安电子科技大学.光折变自适应光外差探测方法：01128777.2[P/OL].2002-03-06[2002-05-28].http://211.152.9.47/sipoasp/zljs/hyjs-yx-new.asp?recid=01128777.2&Leixin=0.

[3] TACHIBANA R,SHIMIZU S,KOBAYSHI S,et al.Electronic watermarking methodand system：US6915001[P/OL].2005-07-05[2013-11-11].http://www.google.co.in/patents/US6915001.

A.1.5 电子资源著录格式

凡属电子专著、电子专著中的析出文献、电子连续出版物、电子连续出版物中的析出文献以及电子专利的著录项目与著录格式分别按 4.1～4.5 中的有关规则处理。除此而外的电子资源根据本规则著录。

主要责任者.题名：其他题名信息［文献类型标识/文献载体标识］.出版地：出版者，出版年：引文页码(更新或修改日期)［引用日期］.获取和访问路径.数字对象唯一标识符.

示例：

［1］ 中国互联网络信息中心．第 29 次中国互联网络发展现状统计报告［R/OL］.（2012-01-16）［2013-03-26］.http：//www.cnnic.net.cn/hlwfzy j/hlwxzbg/201201/ P020120709345264469680. pdf.

［2］ 北京市人民政府办公厅.关于转发北京市企业投资项目核准暂行实施办法的通知：京政办发［2005］37 号［A/OL］.（2005-07-12）［2011-07-12］.http：//china.findlaw.cn/fagui/p_l/39934.html.

［3］ BAWDEN D. Origins and concepts of digital literacy［EB/OL］.（2008-05-04）［2013-03-08］.http：//www.soi.city.ac.uk/～dbawden/digital％20literacy.pdf.

A.2 信息与文献、参考文献的著录用符号

A.2.1 著录用符号

本标准中的著录用符号为前置符。按著者-出版年制组织的参考文献表中的第一个著录项目，如主要责任者、析出文献主要责任者、专利申请者或所有者前不使用任何标识符号。按顺序编码制组织的参考文献表中的各篇文献序号用方括号，如：［1］、［2］、…。

A.2.2 参考文献使用下列规定的标识符号

. 用于题名项、析出文献题名项、其他责任者、析出文献其他责任者、连续出版物的"年卷期或其他标识"项、版本项、出版项、连续出版物中析出文献的出处项、获取和访问路径以及数字对象唯一标识符前。每一条参考文献的结尾可"."号。

：用于其他题名信息、出版者、引文页码、析出文献的页码、专利号前。

，用于同一著作方式的责任者、"等""译"字样、出版年、期刊年卷期标识中的年和卷号前。

；用于同一责任者的合订题名以及期刊后续的年卷期标识与页码前。

// 用于专著中析出文献的出处项前。

（ ） 用于期刊年卷期标识中的期号、报纸的版次、电子资源的更新或修改日期以及非公元纪年的出版年。

［ ］ 用于文献序号、文献类型标识、电子资源的引用日期以及自拟的信息。

/ 用于合期的期号间以及文献载体标识前。

- 用于起讫序号和起讫页码间。

A.3　顺序编码制参考文献表著录格式示例

A.3.1　普通图书著录格式

［1］张伯伟.全唐五代诗格会考［M］.南京：江苏古籍出版社，2002：288.

［2］胡承正，周详，缪灵.理论物理概念：上［M］.武汉：武汉大学出版社，2010：112.

［3］International Federation of Library Association and Institutions. Names of persons：national usages for entry in catalogues［M］.3rd ed.London：IFLA International Office for UBC，1977.

A.3.2　论文集、会议录著录格式

［1］中国职工教育研究会.职工教育研究论文集［C］.北京：人民教育出版社，1985.

［2］陈志勇.中国财税文化价值研究："中国财税文化国际学术研讨会"论文集［C/OL］.北京：经济科学出版社，2011［2013-10-14］.http：//apabi.lib.pku.edu.cn/usp/pku/pub.mvc?pid＝book.detail&metaid＝m.20110628-BPO-889-0135&cult＝CN.

A.3.3　报告著录格式

［1］中华人民共和国国务院新闻办公室. 国防白皮书：中国武装力量的多样化［R/OL］.（2013-04-16）［2014-16-11］.http：//www.mod.gov.cn/affair/2013-04/16/content_4442839.htm.

［2］汤万金，杨跃翔，刘文，等.人体安全重要技术标准研制最终报告：7178999X-2006BAK04A10/10.2013［R/OL］.（2013-09-30）［2014-06-24］.http：//www.nstrs.org.cn/xiangxiBG.aspx?id＝41707.

［3］U.S. Department of Transportation Federal Highway Administration.Guidelines for handling excavated acid-producing material：PB 91-194001［R］.Springfield：U.S. Department of Commerce National Information Service，1990.

A.3.4　学位论文著录格式

［1］吴云芳.面向中文信息处理的现代汉语并列结构研究［D/OL］.北京：北京大学，2003［2013-10-14］.http：//thesis.lib.pku.edu.cn/dlib/List.asp?Lang＝gb&type＝Reader&DocGroupID＝4&DocID＝6328.

［2］CALMS R B.Infrared spectroscopic studies on solid oxygen［D］.Berkeley：Univ. of California，1965.

A.3.5　专利文献著录格式

［1］张凯军.轨道火车及高速轨道火车紧急安全制动辅助装置：201220158825.2［P］.2012-04-05.

［2］TACHIBANA R，SHIMIZU S，KOBAYSHI S，et al. Electronic watermarking method and system：US6915001［P/OL］.（2005-07-05）［2013-11-11］.http：//www.google.co.in/patents/US6915001.

A.3.6　标准文献著录格式

［1］全国信息与文献标准化技术委员会.文献著录：第 4 部分 非书资料：GB/T 3792.

4—2009[S].北京：中国标准出版社,2010：3.

[2] 国家环境保护局科技标准司.土壤环境质量标准：GB 15616—1995[S/OL].北京：中国标准出版社,1996：2-3[2013-10-14].http://wenku.baidu.com/view/b950a34b767f5acfalc7cd49.html.

A.3.7　电子资源(不包括电子专著、电子连续出版物、电子学位论文、电子专刊)著录格式

[1] 萧钰.出版业信息化迈入快车道[EB/OL].(2001-12-19)[2002-04-15].http://www.creader.com/news/20011219/200112190019.html.

[2] Commonwealth Libraries Bureau of Library Development.Pennsylvania Department.Pennsylvania library laws[EB/OL].[2013-03-24].http://www.racc.edu/yocum/pdf/PALibraryLaws.pdf.

[3] Dublin core metadata element set：version 1.1[EB/OL].(2012-06-14)[2014-06-11].http://dublincore.org/documents//dces/.

A.4　文献类型和文献载体标识代码

A.4.1　文献类型和标识代码

文献类型和标识代码如表 A-1 所示。

表 A-1　文献类型和标识代码

参考文献类型	文献类型标识代码	参考文献类型	文献类型标识代码
普通图书	M	专利	P
会议录	C	数据库	DB
汇编	G	计算机程序	CP
报纸	N	电子公告	EB
期刊	J	档案	A
学位论文	D	舆图	CM
报告	R	数据集	DS
标准	S	其他	Z

A.4.2　电子资源载体和标识代码

电子资源载体和标识代码如表 A-2 所示。

表 A-2　电子资源载体和标识代码

电子资源的载体类型	载体类型标识代码
磁带(magnetic tape)	MT
磁盘(disk)	DK
光盘(CD-ROM)	CD
联机网络(online)	OL

附录 B

专利文献的国家（地区）代码与国家（地区）名称对照表

专利文献的国家（地区）代码与国家（地区）名称对照表如表 B-1 所示。

表 B-1 专利文献的国家（地区）代码与国家（地区）名称对照表

序号	国家（地区）代码	国家（地区）名称	序号	国家（地区）代码	国家（地区）名称
1	AE	阿拉伯联合酋长国	24	DK	丹麦
2	AM	亚美尼亚	25	DO	多米尼加共和国
3	AP	美联社	26	DZ	阿尔及利亚
4	AR	阿根廷	27	EA	休达及美利拉
5	AT	奥地利	28	EC	厄瓜多尔
6	AU	澳大利亚	29	EE	爱沙尼亚
7	BA	波黑	30	EG	埃及
8	BE	比利时	31	EM	欧洲内部市场协调局（商标和外观设计）（OHIM）
9	BG	保加利亚	32	EP	欧洲局
10	BH	巴林	33	ES	西班牙
11	BR	巴西	34	FI	芬兰
12	BY	白俄罗斯	35	FR	法国
13	CA	加拿大	36	GB	英国
14	CH	瑞士	37	GC	海湾地区阿拉伯国家合作委员会专利局（GCC）
15	CL	智利	38	GE	格鲁吉亚
16	CN	中国	39	GR	希腊
17	CO	哥伦比亚	40	GT	危地马拉
18	CR	哥斯达黎加	41	HK	中国香港
19	CS	捷克	42	HN	洪都拉斯
20	CU	古巴	43	HR	克罗地亚
21	CY	塞浦路斯	44	HU	匈牙利
22	CZ	捷克	45	ID	印度尼西亚
23	DE	德国	46	IE	爱尔兰

续表

序号	国家(地区)代码	国家(地区)名称	序号	国家(地区)代码	国家(地区)名称
47	IL	以色列	76	PE	秘鲁
48	IN	印度	77	PH	菲律宾
49	IS	冰岛	78	PL	波兰
50	IT	意大利	79	PT	葡萄牙
51	JO	约旦	80	RO	罗马尼亚
52	JP	日本	81	RS	塞尔维亚
53	KE	肯尼亚	82	RU	俄罗斯
54	KG	吉尔吉斯斯坦	83	SA	沙特阿拉伯
55	KR	韩国	84	SE	瑞典
56	KZ	哈萨克斯坦	85	SG	新加坡
57	LT	立陶宛	86	SI	斯洛文尼亚
58	LU	卢森堡	87	SK	斯洛伐克
59	LV	拉脱维亚	88	SM	圣马力诺
60	MA	摩洛哥	89	SV	萨尔瓦多
61	MC	摩纳哥	90	TH	泰国
62	MD	摩尔多瓦	91	TJ	塔吉克斯坦
63	ME	黑山	92	TN	突尼斯
64	MN	蒙古	93	TR	土耳其
65	MO	中国澳门	94	TT	特立尼达和多巴哥
66	MT	马耳他	95	TW	中国台湾
67	MW	马拉维	96	UA	乌克兰
68	MX	墨西哥	97	US	美国
69	MY	马来西亚	98	UY	乌拉圭
70	NI	尼加拉瓜	99	UZ	乌兹别克斯坦
71	NL	荷兰	100	VN	越南
72	NO	挪威	101	WO	世界知识产权组织
73	NZ	新西兰	102	ZA	南非
74	OA	非洲知识产权组织(OAPI)	103	ZM	赞比亚
75	PA	巴拿马	104	ZW	津巴布韦

附录 C

Patentics常用检索字段及说明

C.1 常用字段

序号	等级	检索式	名称	专利库	检索示例	说明	温馨提示
1	1	R/	语义排序	需选库	R/cdma B/手机 and R/cdma(先检索出关键词包含"手机"的专利,再对检索结果按照与"cdma"意思的相关度进行排序)	根据输入的词、句子、段落、文章或者专利号(输入专利等于输入专利全文)意思,对检索结果进行排序,优先级低于布尔检索命令	(所有外观除外)US,EP库建议申请、授权双勾选
2	1	RDI/	新颖性语义排序	需选库	RDI/CN1234567 等于 R/CN1234567 and DI/CN1234567	仅对公开日(或PCT公开日)在本专利申请日前的专利进行语义排序	(所有外观除外)US,EP库建议申请、授权双勾选
3	1	RM/	多库语义排序	无视选库	RM/CN1234567 或 RM/无人机	同时对(中国、美国、欧专局、日本、韩国、WO、中国英文翻译、美国中文翻译)专利进行语义排序,各取相关度最高的前20位	
4	1	C/	概念检索	需选库	C/cdma 或 B/手机 and C/cdma(先检索出与"cdma"意思最相关的400项专利,从其中筛选出关键词包含"手机"的专利)	后跟专利号、词、词组、语句或文章,获得与输入概念的相关专利,俗定输出最相关前400项	
5	0	B/	关键词	需选库	B/手机 B/((磁盘 or 硬盘) and 网络)	全文关键词检索,包括专利文献所有文字	
6	0	PN/	专利号	无视选库	PN/US34567890 PN/CN101578778 PN/CN103156000B	Patentics系统为统一世界各国专利,采用公开号显示,专利号指的是公开号、公布号	

序号	等级	检索式	名称	专利库	检索示例	说　明	温馨提示
7	0	APN/	申请号	需选库	APN/CN201310116892.7 APN/CN201310116892	申请号检索可以忽略小数点后的数字(必须为申请号)	美国专利2000年(含)之前的格式为apn/US09/482738,如果不能检索需在申请号第四位加"/"即可
8	0	PNS/	多专利号	无视选库	PNS/CN103477656 CN103477614 CN103477694 中文翻译库需在号码后加_CN,例如:PNS/US2010000001_CN 英文翻译库需在号码后加_EN,例如:PNS/CN123456 7_EN	检索一组专利号,每个专利号之间用空格隔开	检索翻译库时需注意:号码后加_CN、_EN
9	0	APD/	申请日	需选库	时间格式:YYYYMMDD YYYYMM YYYY R/computer and APD/20021011,日 R/computer and APD/200210,月 R/computer and APD/2002,年 R/computer and APD/2000—2010,R/computer and APD/200012—201005时间段 APD/lastNdays	申请日检索字段,为一时间或者时间段,取申请日在该时间或者时间段的专利	申请日为最近N天的专利(支持lastNmonths 最近N月、lastNyears 最近N年,N为数字)
10	0	ISD/	公开日	需选库	时间格式:YYYYMMDD YYYYMM YYYY R/computer and ISD/20021011,日 R/computer and ISD/200210,月 R/computer and ISD/2002,年 R/computer and ISD/2000—2010,R/computer and ISD/200012—201005 时间段 ISD/lastNdays	公开日检索字段,为一时间或者时间段,取公开日在该时间或者时间段的专利	公开日为最近N天的专利(支持lastNmonths 最近N月、lastNyears 最近N年,N为数字)

序号	等级	检索式	名称	专利库	检索示例	说明	温馨提示
11	0	TTL/	标题	需选库	TTL/cdma TTL/（制冷 and 智能）	专利标题包含的关键词	
12	0	ABST/	摘要	需选库	ABST/cdma 或 AB/cdma	专利摘要包含的关键词，可以缩写为 AB/	
13	0	ACLM/	权利要求	需选库	ACLM/cdma	专利权利要求包含的关键词	
14	0	A/	组合检索	需选库	A/cdma ＝ TTL/cdma or ABST/cdma or ACLM/cdma	标题或摘要或权利要求中含有的关键词	
15	0	AN/	申请人	需选库	AN/SAMSUNG ELECTRONICS AN/SAMSUNG AN/索意互动	申请人名称关键词检索（公司全称）	输入全称,中文名称对应中文库,英文名称对应英文库（美国中文、日本中文需用英文名称）
16	0	IN/	发明人	中国 CN 库	IN/王小明	发明人检索	
17	0	ANN/	标准化申请人	需选库	方式一：ann/亚马逊 and db/patent 方式二：ann/amazon and db/patent 亚马逊在美国的专利：ann/amazon and db/us 亚马逊在中国的专利：ann/amazon and db/cn 亚马逊在日本的专利：ann/amazon and db/jp 亚马逊在韩国的专利：ann/amazon and db/kr 亚马逊在 WO 的专利：ann/amazon and db/wo 亚马逊在欧洲的专利：ann/amazon and db/ep	标准化申请人检索,针对集团公司类型做整体标准化,就是系统已经把一个公司（集团）所有名字的各种语言、各种写法和所有子公司自动关联在一起,定义成一个标准的公司,只要我们输入一个公司名字,就会把这个公司的所有专利全部检索出来	
18	0	LREP/	代理	需选库	LREP/北京市柳沈律师事务所 LREP/柳沈	代理人、代理公司检索	需确定代理人或代理公司所申请的国家

续表

序号	等级	检索式	名称	专利库	检索示例	说 明	温馨提示
19	0	ICL/	国际分类	需选库	ICL/H04N 5/232	国际分类号检索	空格可以忽略 ICL/H04N5/232
							ICL/＋分类号检索该分类和所有下级分类
20	0	IPC/	国际分类	需选库	IPC/H04N 5/232	国际分类检索,等同于ICL	空格可以忽略 IPC/H04N5/232
							IPC/＋分类号检索该分类和所有下级分类

C.2 技术字段

序号	等级	检索式	名称	专利库	检索示例	说 明	温馨提示
1	1	R/	语义排序	需选库	R/cdma B/手机 and R/cdma(先检索出关键词包含"手机"的专利,再对检索结果按照与"cdma"意思的相关度进行排序)	根据输入的词、句子、段落、文章或者专利号(输入专利等于输入专利全文)意思,对检索结果进行排序,优先级低于布尔检索命令	
2	1	RDI/	新颖性语义排序	需选库	RDI/CN1234567 等于 R/CN1234567 and DI/CN1234567	仅对公开日(或 PCT 公开日)在本专利申请日前的专利进行语义排序	
3	1	RM/	多库语义排序	无视选库	RM/CN1234567 或 RM/无人机	同时对数据库(中国、美国、欧专局、日本、韩国、WO、中国英文翻译、美国中文翻译)专利进行语义排序,各取相关度最高的前 20 位	
4	1	C/	概念检索	需选库	C/cdma 或 B/手机 and C/cdma(先检索出与"cdma"意思最相关的 400 项专利,从其中筛选出关键词包含"手机"的专利)	后跟专利号、词、词组、语句或文章,获得与输入概念的相关专利,俗定输出最相关前 400 项	
5	1	PAB/	新颖分析	需选库	PAB/CN101578778	新颖分析检索字段,后跟专利号,取申请日在该专利公开日之前与本专利最相关的前 400 项	

续表

序号	等级	检索式	名称	专利库	检索示例	说明	温馨提示
6	1	INF/	侵权分析	需选库	INF/CN101578778	侵权分析检索字段,后跟专利号,取申请日在该专利公开日之后与本专利最相关的前400项	
7	0	B/	关键词	需选库	B/手机 B/((磁盘 or 硬盘) and 网络)	全文关键词检索,包括专利文献所有文字	
8	0	TTL/	标题	需选库	TTL/cdma TTL/(制冷 and 智能)	专利标题包含的关键词	
9	0	ABST/	摘要	需选库	ABST/cdma 或 AB/cdma	专利摘要包含的关键词,可以缩写为AB/	
10	0	ACLM/	权利要求	需选库	ACLM/cdma	专利权利要求包含的关键词	
11	0	A/	组合检索	需选库	A/cdma = TTL/cdma or ABST/cdma or ACLM/cdma	标题或摘要或权利要求中含有的关键词	
12	0	BKT/	背景技术	中国CN库	BKT/消音器	专利背景技术检索,检索域为:专利说明书开始部分背景技术描述段落,目前适用中国实用新型、发明申请、发明授权专利检索	中国外观库除外
13	0	SPEC/	说明	需选库	SPEC/微波炉	专利说明书描述部分包含的关键词	
14	0	FIG/	附图说明	需选库	FIG/空调	专利附图说明部分包含的关键词	
15	0	AIM/	用途	中国CN库	AIM/消音器	专利申请用途检索,快速定位专利申请要解决的问题;检索域为:专利说明书开始部分申请解决问题或用途的描述段落,目前适用中国实用新型、发明申请、发明授权专利检索	中国外观库除外
16	1	TCC/	技术特征度	需选库	TCC/8	表示主权中有8个技术特征词	技术特征度:专利主权利要求中技术特征词的个数
					TCC/8-15	表示主权中有8至15个技术特征词	
17	1	ACC/	专利度	需选库	ACC/8	表示检索有8个权利要求的专利	专利度:专利的权利要求个数
					ACC/8-15	表示检索有8至15个权利要求的专利	
18	1	CV/	复审、无效决定要点	中国CN库、美国US库	CV/关键词	复审、无效决定要点关键词检索,检索域为无效案例的决定要点描述段落	中国外观库、美国外观库除外

C.3　公司 & 人字段

序号	等级	检索式	名称	专利库	检索示例	说　　明	温馨提示
1	0	AN/	申请人	需选库	AN/SAMSUNG ELEC-TRONICS AN/SAM-SUNG	申请人名称关键词检索（公司全称）	输入全称，中文名称对应中文库英文名称对应英文库（美国中文、日本中文需用英文名称）
					AN/索意互动		
2	0	AN1/	第一申请人	需选库	AN1/高通	第一申请人检索，AN相似，当有多个申请人时，只有第一个申请人与输入相符才命中	AN 相似，区别是：当有多个申请人时，只有第一个申请人与输入相符才命中；如 CN103186885 申请人为：浙江大学｜华为技术有限公司；第一申请人为浙江大学
				需选库	AN1/华为		
3	0	ANN/	标准化申请人	需选库	方式一：ann/亚马逊 and db/patent	标准化申请人检索，针对集团公司类型做整体标准化，就是系统已经把一个公司（集团）所有名字的各种语言、各种写法和所有子公司自动关联在一起，定义成一个标准的公司，只要输入一个公司名字，就会把这个公司的所有专利全部检索出来	
					方式二：ann/amazon and db/patent		
					亚马逊在美国的专利：ann/amazon and db/us		
					亚马逊在中国的专利：ann/amazon and db/cn		
					亚马逊在日本的专利：ann/amazon and db/jp		
					亚马逊在韩国的专利：ann/amazon and db/kr		
					亚马逊在 WO 的专利：ann/amazon and db/wo		
					亚马逊在欧洲的专利：ann/amazon and db/ep		

续表

序号	等级	检索式	名称	专利库	检索示例	说明	温馨提示
4	0	ANN1/	第一标准化申请人	需选库	ANN1/格力	与 ANN 相似，多个申请人时，只有第一申请人与输入相符才命中	与 ANN 相似，区别是：多个申请人时，只有第一申请人与输入相符才命中，如果海尔与其他公司联合申请的专利，第一申请人不是海尔，不被命中
				需选库	ANN1/海尔		
5	0	ANN2/	二级标准化申请人	需选库	ANN2/三星显示	标准化检索的子公司及所有别称或者子公司	需输入正确子公司全称
6	0	AANN/	标准化专利权人	中国 CN 库、美国 US 库、PCT 申请 WO、韩国 KR 库	AANN/华为	当前专利权人为高通的专利	
					AANN/高通	当前专利权人为华为的专利	
7	0	ANTYPE/	申请人类型	中国 CN 库	ANTYPE/企业	申请类型分为 6 种，固定检索格式，标准专利检索（目前有通信领域标准专利）	
					ANTYPE/央企		
					ANTYPE/大学		
					ANTYPE/科研院所		
					ANTYPE/个人		
					ANTYPE/其他		
				需选库	ANTYPE/etsi	标准专利检索（目前有通信领域标准专利）	
8	0	AN1TYPE/	第一申请人类型	中国 CN 库	AN1TYPE/企业	第一申请类型分为 6 种，固定检索格式	
					AN1TYPE/央企		
					AN1TYPE/大学		
					AN1TYPE/科研院所		
					AN1TYPE/个人		
					AN1TYPE/其他		
9	0	IN/	发明人	中国 CN 库	IN/王小明	发明人检索	
10	0	IN1/	第一发明人	需选库	IN1/王小明	第一发明人检索	多个发明人时，若王小明不是第一发明人，不命中

续表

序号	等级	检索式	名称	专利库	检索示例	说　明	温馨提示
11	0	LREP/	代理	需选库	LREP/北京市柳沈律师事务所 LREP/柳沈	代理人、代理公司检索	需确定代理人或代理公司所申请的国家
12	0	IC/	作者信息	中国学位论文库、中国期刊库	IC/内蒙古农业大学 IC/产业经济学 IC/硕士 IC/张三	适用于中国论文库和中国期刊库,检索域为作者信息描述段落如：学校、研究课题、论文发布时间、姓名等	
13	0	ANMIN/	第一申请人专利数大于X		ANMIN/1000 ANMIN/10000	第一申请人专利数量限定字段,第一申请人专利数量必须大于(含)输入x项专利,才满足检索条件	该修饰字段不能单独使用,必须与其他字段组合使用
14	0	ANMIN2/	第一申请人在检索结果中专利数大于X		"S1 AND ANMIN2/50" (S1是检索式)	ANMIN是第一申请自身拥有的全部专利,ANMIN2是第一申请人在S1检索结果中专利数量大于X,所以ANMIN2不能单独使用,必须与其他字段组合使用	该修饰字段不能单独使用,必须与其他字段组合使用
15	0	ANMAX/	第一申请人专利数小于X		ANMAX/50 ANMAX/100	第一申请人专利数量限定字段,第一申请人专利数量必须小于(含)输入X项专利,才满足检索条件	该修饰字段不能单独使用,必须与其他字段组合使用
16	0	ANMAX2/	第一申请人在检索结果中专利数小于X		"S1 AND ANMAX2/50" (S1是检索式)	ANMAX是第一申请自身拥有的全部专利,ANMAX2是第一申请人在S1检索结果中专利数量小于X,所以ANMAX2不能单独使用,必须与其他字段组合使用	该修饰字段不能单独使用,必须与其他字段组合使用
17	0	ANLMAX/	第一申请人专利撤回数小于X		ANLMAX/50 ANLMAX/100	第一申请人专利撤回数量限定字段,第一申请人专利撤回数量必须小于(含)输入X项专利,才满足检索条件	该修饰字段不能单独使用,必须与其他字段组合使用

序号	等级	检索式	名称	专利库	检索示例	说　明	温馨提示
18	0	AN-LMIN/	第一申请人专利撤回数大于 X		ANLMIN/50	第一申请人专利撤回数量限定字段,第一申请人专利撤回数量必须大于(含)输入 X 项专利,才满足检索条件	该修饰字段不能单独使用,必须与其他字段组合使用
					ANLMIN/100		
19	1	ANNC/	标准化申请人个数	需选库	ANNC/2	标准化申请人个数检索:(专利有两个共同标准化申请人)	如果专利有两个共同标准化申请人可以
					ANC/2 and ANNC/1 and ANN/中国科学院	检索集团内部两个子公司共同申请专利:检索式解释为中国科学院下属院所两两共同申请的专利	
20	1	ANC/	申请人个数	需选库	ANC/2	申请人个数检索:专利有两个共同申请人	如果专利有两个共同申请人可以
21	1	LRE-PN/	标准化代理公司	中国CN库	lrepn/中国贸促会	标准化代理公司检索	lrepn/中国贸促会的检索结果中包含了中国贸促会专利商标事务所有限公司与中国国际贸易促进委员会专利商标事务所代理公司的专利
22	1	NPH-ASE/	标准化代理公司	WO库	nphase/1-3,phase/3	PCT 申请进入国家/地区阶段的国家/地区数	nphase/1-3 的检索结果中包含了 PCT 申请进入的国家/地区阶段的国家/地区数为 1 至 3 个的专利

C.4　分类字段

序号	等级	检索式	名称	专利库	检索示例	说　明	温馨提示
1	0	ICL/	国际分类	需选库	ICL/H04N 5/232	国际分类号检索	空格可以忽略 ICL/H04N5/2322
							ICL/＋分类号检索该分类和其下级分类

续表

序号	等级	检索式	名称	专利库	检索示例	说明	温馨提示
2	0	IPC/	国际分类	需选库	IPC/H04N 5/232	国际分类检索,等同于ICL	空格可以忽略IPC/H04N5/232 IPC/+分类号检索该分类和其下级分类
3	0	ICLM/	国际主分类	需选库	ICLM/H04N	国际主分类号检索	
4	0	IPCM/	国际主分类	需选库	IPCM/H04N	国际主分类号检索	等同于ICLM
5	0	ICLS/	国际副分类	需选库	ICLS/H04N	国际副分类号检索	以DOCDB给出国际副分类为准
6	0	IPCS/	国际副分类	需选库	IPCS/H04N	国际副分类号检索	以DOCDB给出国际副分类为准
7	0	IPCF/	扩展国际分类(扩展同族)	需选库	IPCF/H04N5/232	扩展国际分类检索	自身有该分类号或扩展同族中有该分类号的专利都会被命中
8	0	CCL/	美国分类	美国US库	CCL/700/50	美国分类号检索	CCL/700/$ $表示任意子类
9	0	CCLM/	美国主分类	美国US库	CCLM/700	美国主分类号检索	
10	0	CPC/	CPC分类	需选库	CPC/B82Y35 CPC/D01F9/127	CPC分类号检索	
11	0	CPCI/	CPC发明信息分类	需选库	CPCI/B82Y35 CPCI/D01F9/127	CPC发明信息分类号检索	以DOCDB给出CPC发明信息分类为准
12	0	CPCA/	CPC附加信息分类	需选库	CPCA/B82Y35 CPCA/D01F9/127	CPC附加信息分类号检索	以DOCDB给出CPC附加信息分类为准
13	0	CPCF/	扩展CPC分类(扩展同族)	需选库	CPCF/H04N5/232	扩展CPC分类检索	自身有该分类号或扩展同族中有该分类号的专利都会被命中
14	0	LCN/	外观分类(洛迦诺)	中国外观设计、美国外观设计	LCN/05 LCN/05-01	外观分类号检索	

序号	等级	检索式	名称	专利库	检索示例	说　　明	温馨提示
15	0	FI/	日本FI分类	日本JP库	FI/F24F FI/F24F1/00,301 FI/F24F3/00@A FI/F24F1/00,371@B	日本文献FI分类号检索	以DOCDB给出FI分类为准
16	0	FT/	日本F-term分类	日本JP库	FT/L FT/L051 FT/L051/BC02	日本文献F-term分类号检索	以DOCDB给出F-term分类为准
17	0	NIC/	国民经济分类	需选库	NIC/D 电力、热力、燃气及水生产和供应业 NIC/D44 电力、热力生产和供应业 NIC/D441 电力生产 NIC/D4411 火力发电	国民经济分类检索,根据国家知识产权局制定的《国际专利分类与国民经济行业分类参照关系表(2018)》映射	
18	0	NICM/	国民经济主分类	需选库	NICM/D 电力、热力、燃气及水生产和供应业 NICM/D44 电力、热力生产和供应业 NICM/D441 电力生产 NICM/D4411 火力发电	国民经济主分类检索,根据国家知识产权局制定的《国际专利分类与国民经济行业分类参照关系表(2018)》映射	

C.5　地域字段

序号	等级	检索式	名称	专利库	检索示例	说　　明	温馨提示
1	0	ND/	国家代码	所对应国家代码及所对应国家的摘要库	ND/KR ND/DE ND/US	后跟国家代码,识别专利号开头的国家代码(美国专利默认为US)	Patentics数据库包含国家列表
2	0	NS/	地域	中国CN库及中国CE库	NS/绍兴	标准化地域检索,检索域为申请人地址,经过标准化处理,精确到地市级城市如:绍兴	天津市河西区绍兴道,不会被命中
3	0	NY1/	高新园区	中国CN库	NY1/中关村	暂时收录中关村高新技术园区,中关村高新区所有专利	只适用于中国库,固定检索式

续表

序号	等级	检索式	名称	专利库	检 索 示 例	说　　明	温 馨 提 示
4	0	NY2/	高新园区下属科技园	中国CN库	NY2/海淀园 NY2/昌平园 NY2/亦庄	暂时收录中关村高新技术园区,中关村高新区下属园	只适用于中国库,固定检索式
5	0	AS/	地址邮编	中国CN库	AS/Suwon-Si AS/河北省邯郸市丛台区 AS/056800	申请人地址、邮编等信息检索	需输入准确邮编
6	0	PRIR/	优先权数据	需选库	PRIR/KR 优先权为韩国 PRIR/2008-11-03 PRIR/10-2008-0108354	优先权检索字段	检索域为描述优先权段落,后跟号码、国家代码等优先权数据描述文字
7	0	PRIRINFO/	优先权国家	需选库	PRIRINFO/US 优先权为美国的专利	后跟国家代码	
8	1	DB/	数据库		DB/US 美国库(不包含美国外观),DB/US＝DB/(uspat or usapp) DB/CN 中国申请库,DB/CN＝DB/(cnapp or cnpat or cd) DB/CG 中国发明授权库,DB/CG＝DB/cnpat DB/CD 中国外观库 DB/CE 中国英文库 DB/WO 世界专利库 DB/EP 欧洲专利库,DB/EP＝db/(epapp or eppat) DB/JP 日本专利库 DB/KR 韩国专利库,DB/KR＝db/(krapp or kapat) DB/EN 全部英文全文库 DB/EN＝db/(US or EP or WO or KR or JP or CE) DB/ALL 全部数据库(除去中国英文、美国中文、日本中文)	数据库控制字段,后跟库代码,使用 DB/X,不用手工勾选数据库,XXapp 表示某库申请;XXpat 表示某库授权	使用此字段,无视选库只需要输入 db/对应库字段,不区分大小写

C.6 号码字段

序号	等级	检索式	名称	专利库	检 索 示 例	说　明	温 馨 提 示
1	0	PN/	专利号	单选库	PN/US34567890 PN/CN101578778 PN/CN103156000B	Patentics 系统为统一世界各国专利,采用公开号显示,专利号指的是公开号、公布号	只支持单库并且与检索专利号对应库,例如:pn/cn1234567a 对应中国发明实用或中国(CN)库
2	0	APN/	申请号	需选库	APN/CN201310116892.7 APN/CN201310116892	申请号检索可以忽略小数点后的数字。(必须为申请号)	美国专利 2000 年(含)之前的格式为 apn/US09/482738,如果不能检索需在申请号第四位加"/"即可
3	0	PNS/	多专利号	无视选库	PNS/CN103477656 CN103477614 CN103477694 中文翻译库需在号码后加_CN,例如:PNS/US2010000001_CN 英文翻译库需在号码后加_EN,例如:PNS/CN1234567_EN	检索一组专利号,每个专利号之间用空格隔开	检索翻译库时需注意:需在号码后加"_CN""_EN"等
4	0	PNS/visited	浏览过的专利	需选库	PNS/visited 显示浏览过的专利 ...andnot PNS/visited 去除掉浏览过专利	浏览过指:单击公开号浏览全文,单击标题浏览信息会被计入浏览	注意:记忆浏览专利,是在账号当前登录状态,退出账号后,PNS/visited 清零
5	0	CL/visited	重置浏览过的专利		CL/visited 重置浏览过的专利,清除之前的浏览操作记录,重新开始计入	浏览过指:单击公开号浏览全文,单击标题浏览信息会被计入浏览	
6	0	CITE/	引用专利	美国US库	CITE/6981276	美国专利 6981276 引用专利检索结果	
7	0	REF/	专利被引用	美国US库	REF/6981276	美国专利 6981276 被检索结果专利引用	

C.7　日期字段

序号	等级	检索式	名称	专利库	检索示例	说明	温馨提示
1	0	APD/	申请日	需选库	时间格式：YYYYMMDD YYYYMM YYYY	申请日检索字段，为一时间或者时间段，取申请日在该时间或者时间段的专利	申请日为最近N天的专利(支持lastNmonths 最近N月、lastNyears 最近N年，N为数字)
					R/computer and APD/20021011，日		
					R/computer and APD/200210，月		
					R/computer and APD/2002，年		
					R/computer and APD/2000—2010，R/computer and APD/200012—201005 时间段		
					APD/lastNdays		
2	0	ISD/	公开日	需选库	时间格式：YYYYMMDD YYYYMM YYYY	公开日检索字段，为一时间或者时间段，取公开日在该时间或者时间段的专利	公开日为最近N天的专利(支持lastNmonths 最近N月、lastNyears 最近N年，N为数字)
					R/computer and ISD/20021011，日		
					R/computer and ISD/200210，月		
					R/computer and ISD/2002，年		
					R/computer and ISD/2000—2010，R/computer and ISD/200012—201005 时间段		
					ISD/lastNdays		
3	0	GRD/	授权日	中国CN库及中文CE库	时间格式：YYYYMMDD YYYYMM YYYY	授权日检索字段，为一时间或者时间段，取授权日在该时间或者时间段的专利	授权日为最近N天的专利(支持lastNmonths 最近N月、lastNyears 最近N年，N为数字)
					R/computer and GRD/20021011，日		
					R/computer and GRD/200210，月		
					R/computer and GRD/2002，年		
					R/computer and GRD/2000—2010，R/computer and GRD/200012-201005 时间段		
					GRD/lastNdays		

续表

序号	等级	检索式	名称	专利库	检索示例	说 明	温馨提示
4	0	PRD/	优先权日	需选库	时间格式：YYYYMMDD YYYYMM YYYY	优先权日检索字段，为一时间或者时间段，取优先权日在该时间或者时间段的专利	优先权日为最近 N 天的专利（支持 lastNmonths 最近 N 月，lastNyears 最近 N 年，N 为数字）
					R/computer and PRD/ 20021011，日		
					R/computer and PRD/ 200210，月		
					R/computer and PRD/ 2002，年		
					R/computer and PRD/ 2002，年		
					PRD/lastNdays		
5	0	LED/	专利失效日期	仅中国中文 CN 库、美国中文 UC 库、美国 US 库	时间格式：YYYYMMDD YYYYMM YYYY	失效日检索字段，为一时间或者时间段，取失效日在该时间或者时间段的专利	失效日为最近 N 天的专利（支持 lastNmonths 最近 N 月，lastNyears 最近 N 年，N 为数字）
					R/computer and LED/ 20021011，日		
					R/computer and LED/ 200210，月		
					R/computer and LED/ 2002，年		
					R/computer and LED/ 2000—2010，R/computer and LED/200012—201005 时间段		
					LED/lastNdays		
6	0	RLD/	驳回日期	仅中国发明实用库及中国发明授权库	时间格式：YYYYMMDD YYYYMM YYYY	驳回日检索字段，为一时间或者时间段，取驳回日在该时间或者时间段的专利	驳回日为最近 N 天的专利（支持 lastNmonths 最近 N 月，lastNyears 最近 N 年，N 为数字）
					R/computer and RLD/ 20021011，日		
					R/computer and RLD/ 200210，月		
					R/computer and RLD/ 2002，年		
					R/computer and RLD/ 2000—2010，R/computer and RLD/200012—201005 时间段		
					RLD/lastNdays		

序号	等级	检索式	名称	专利库	检 索 示 例	说 明	温 馨 提 示
7	0	WLD/	撤回日期	中国CN库	时间格式：YYYYMMDD YYYYMM YYYY	撤回日检索字段，为一时间或者时间段，取撤回日在该时间或者时间段的专利	撤回包含事件类型与法律状态分类相同
					R/computer and WLD/20021011，日		撤回日为最近N天的专利（支持lastNmonths 最近N月、lastNyears 最近N年，N为数字）
					R/computer and WLD/200210，月		
					R/computer and WLD/2002，年		
					R/computer and WLD/2000—2010，R/computer and WLD/200012—201005 时间段		
					WLD/lastNdays		
8	0	LXD/	许可日期	中国CN库	时间格式：YYYYMMDD YYYYMM YYYY	专利实施许可合同备案日期许可日期检索字段，为一时间或者时间段	许可日为最近N天的专利（支持lastNmonths 最近N月、lastNyears 最近N年，N为数字）
					LXD/20021011，日		
					LXD/200210，月		
					LXD/2002，年		
					时间段书写格式，2010—2015（年为步长）、201001—201006（月为步长）、20100101—20100315（日为步长），"—"的时间格式要一致		
					LXD/lastNdays		
9	0	LBD/	保全日期	中国CN库	时间格式：YYYYMMDD YYYYMM YYYY	专利权保全登记日期保全日期检索字段，为一时间或者时间段	保全日为最近N天的专利（支持lastNmonths 最近N月、lastNyears 最近N年，N为数字）
					LBD/20021011，日		
					LBD/200210，月		
					LBD/2002，年		
					时间段书写格式，2010—2015（年为步长）、201001—201006（月为步长）、20100101—20100315（日为步长），"—"前后时间格式要一致		
					LBD/lastNdays		

序号	等级	检索式	名称	专利库	检 索 示 例	说　　明	温 馨 提 示
10	0	LZD/	质押日期	中国CN库	时间格式：YYYYMMDD YYYYMM YYYY LZD/20021011，日 LZD/200210，月 LZD/2002，年 时间段书写格式，2010—2015（年为步长）、201001—201006（月为步长）、20100101—20100315（日为步长），"—"前后时间格式要一致 LZD/lastNdays	专利权质押合同登记生效质押日期检索字段，为一时间或者时间段	质押日为最近N天的专利（支持lastNmonths最近N月、lastNyears最近N年，N为数字）
11	1	LSD/	最后转移许可登记日期	中国CN库、美国US库	LSD/20100406 LSD/201004 LSD/2010 LSD/lastNdays	最后许可、转移、质押等备案登记日期	最后转移许可登记日为最近N天的专利（支持lastNmonths最近N月、lastNyears最近N年，N为数字）
12	1	LSDA/	所有转移许可登记日期	中国CN库	LSDA/20100406 LSDA/201004 LSDA/2010	所有许可、转移、质押等备案登记日期	
13	1	LTD/	复审无效决定日	中国CN库	LTD/20100507	复审无效决定日检索字段	不包含外观
14	1	IU/	同日申请	中国发明实用	iu/1：表示检索同日申请的中国发明专利 iu/2：表示检索同日申请的中国实用新型 iu/3：表示检索同日申请的中国发明和实用新型	固定检索式，只有中国发明实用有同日申请，其他国家专利按无同日申请处理	
				需选库	iu/4：表示保留没有同日发明实用和有同日的发明 iu/5：表示保留没有同日发明实用和有同日的实用		

C.8 法律字段

序号	等级	检索式	名称	专利库	检索示例	说 明	温馨提示
1	0	LS/	法律状态	中国发明实用库、美国申请库、中国英文(CE)库	LS/公开 或 LS/1	申请处于公开状态	专利法律状态检索,检索格式,有效、无效不包含美国外观设计
				中国CN库,美国US库,中国英文(CE)库,欧洲申请库	LS/有效 或 LS/2	专利处于授权有效状态	
				中国CN库,美国US库,中国英文(CE)库,欧洲申请库	LS/无效 或 LS/3	期满、未交费、被无效	
				中国发明实用库、中国英文(CE)库	LS/撤回 或 LS/4	撤回、视撤、放弃	
				中国发明实用库、中国英文(CE)库	LS/驳回 或 LS/5	申请处于驳回状态	
2	1	LSZY/	有无质押	中国CN库	LSZY/1	检索有质押专利	专利质押,固定检索格式
					LSZY/0	检索无质押专利	
3	1	LSANN/	标准化当前被许可受让人(中美)	中国CN库、美国US库	LSANN/华为	转移后、被许可专利权人,最后一次转移、许可后的专利权人,如专利L的交易信息是(A、B、C、D是专利权人)A—>B,B—>C,C—>D	
					LSANN/华为 ANDNOT ANN/华为	去除了华为公司内部转移、许可,为华为真正购买的专利 LSANN/D才能命中专利L	

序号	等级	检索式	名称	专利库	检索示例	说　明	温馨提示
4	1	LSA-NNT/	标准化被许可受让人历史（美国）	美国US库	LSANNT/华为	专利权人检索，包含转移后、被许可专利权人，与LSANN区别是，命中所有交易后的专利权人，如专利L的交易信息是（A，B，C，D是专利权人），A→B，B→C，C→D LSANNT/B；LSANNT/C；LSANNT/D都可以命中专利L	
5	1	LSAN/	当前被许可受让人（中美）	中国CN库、美国US库	LSAN/公司全称	转移后、被许可专利权人，最后一次转移、许可后的专利权人，如专利L的交易信息是（A、B、C、D是专利权人），A→B，B→C，C→D建议输入公司全称，AN是公司名称部分匹配，如："海信"，如果LSAN/海信，"上海信＊"等公司交易信息也会命中，LSAN/D才能命中专利L	
6	1	LSA-NT/	被许可受让人历史（美国）	美国US库	LSANT/公司全称	专利权人检索，包含转移后、被许可专利权人，与LSAN区别是，命中所有交易后的专利权人，如专利L的交易信息是（A，B，C，D是专利权人），A→B，B→C，C→D建议输入公司全称，AN是公司名称部分匹配，如："海信"，如果LSAN/海信，"上海信＊"等公司交易信息也会命中 LSANT/B；LSANT/C；LSANT/D都可以命中专利L	
7	1	LSTY-PE/	交易信息	中国CN库	LSTYPE/0	没有交易信息的专利	固定检索格式
					LSTYPE/1	内部交易专利	
					LSTYPE/2	外部交易专利	
8	1	LSAR/	出让人	中国CN库	LSAR/华为	出让人检索	

续表

序号	等级	检索式	名称	专利库	检索示例	说　明	温馨提示
9	1	LSA-RN/	标准化出让人	中国CN库、美国US库	LSARN/华为	标准化出让人检索	
10	1	LSZYCZR/	出质人	中国CN库	LSZYCZR/abc 检索出质人为 abc 专利	出质人	
11	1	LSZYCZRN/	标准化出质人		LSZYCZRN/abc 检索标准化出质人为 abc 专利	标准化出质人	
12	1	LSZYZQR/	质权人	中国CN库	LSZYZQR/中国农业银行	质权人,检索质权人为中国农业银行的专利	
13	1	LIT/	诉讼、无效、成败信息	中国CN库、美国US库	LIT/0	没有诉讼、无效信息的专利	有无诉讼、无效,诉讼、无效成败检索字段,固定检索格式
					LIT/1	美国库指有诉讼信息的专利,中国库指有无效信息的专利	
					LIT/2	只适用于中国库,无效成功的专利	
					LIT/3	只适用于中国库,无效失败的专利	
14	1	LIT2/	复审成/败信息	中国CN库	LIT2/0	没有复审信息的专利	固定检索格式
					LIT2/1	有复审信息的专利	
					LIT2/2	复审成功的专利	
					LIT2/3	复审失败的专利	
15	1	LIF/	复审无效法律依据	中国CN库	LIF/22.3	复审决定的法律依据检索字段	依据《专利法》第22条第三款
16	1	LST/	运营信息关键词	中国CN库	LST/许可	检索域为专利运营信息描述段落,后跟描述性关键词	
					LST/独占许可		
					LST/质押		
					LST/转移		

C.9 同族字段

序号	等级	检索式	名称	专利库	检索示例	说　明	温馨提示
1	1	FM-DB/	扩展同族速查	无视选库	S1 and FMDB/US(S1 是检索式) S1 and FMDB/KR S1 and FMDB/(KR or JP)【请勿用 and 连接】 S1 and FMDB/(WO or EP or US) S1 and FMDB/CE S1 and FMDB/ALL	S1 检索结果中有扩展同族的专利快速转换其他库,后跟库代码(假定 S1 检索时选择为中国库,FMDB/US 即可快速显示所有美国扩展同族专利)	结果中不包含 S1 中原专利
2	1	SFM-DB/	简单同族速查	无视选库	S1 and SFMDB/US(S1 是检索式) S1 and SFMDB/KR S1 and SFMDB/(KR or JP)【请勿用 and 连接】 S1 and SFMDB/(WO or EP or US) S1 and SFMDB/CE S1 and SFMDB/ALL	S1 检索结果中有简单同族的专利快速转换其他库,后跟库代码(假定 S1 检索时选择为中国库,SFMDB/US 即可快速显示所有美国简单同族专利)	结果中不包含 S1 中原专利
3	1	FMDB2/	扩展同族扩展	无视选库	S1 and FMDB2/US(S1 是检索式) S1 and FMDB2/KR S1 and FMDB2/(KR or JP)【请勿用 and 连接】 S1 and FMDB2/(WO or EP or US) S1 and FMDB2/CE S1 and FMDB2/ALL	获取扩展同族检索,获取 S1 中有扩展同族专利的同族,后跟库代码,为指定库同族	结果为 S1 全部专利 + 扩展同族专利
4	1	SFM-DB2/	简单同族扩展	无视选库	S1 and SFMDB2/US(S1 是检索式) S1 and SFMDB2/KR S1 and SFMDB2/(KR or JP)【请勿用 and 连接】 S1 and SFMDB2/(WO or EP or US) S1 and SFMDB2/CE S1 and SFMDB2/ALL	获取简单同族检索,获取 S1 中有简单同族专利的同族,后跟库代码,为指定库同族	结果为 S1 全部专利 + 简单同族专利

续表

序号	等级	检索式	名称	专利库	检索示例	说明	温馨提示
5	1	FMD-BS/	扩展同族条件限定	无视选库	S1 and FMDBS/（US or KR）	查找有指定扩展同族的专利，S1 中有美国或韩国扩展同族的专利	
					S1 and FMDBS/（CN and US and JP)	S1 中同时有中国、美国、日本扩展同族的专利	
6	1	SFM-DBS/	简单同族条件限定	无视选库	S1 and SFMDBS/（US or KR）	查找有指定简单同族的专利检索，S1 中有美国或韩国简单同族的专利	
					S1 and SFMDBS/（CN and US and JP)	S1 中同时有中国、美国、日本简单同族的专利	
7	0	FM/	有/无扩展同族专利	需选库	FM/0 表示检索结果的专利没有扩展同族	识别专利有/无扩展同族专利，固定检索格式	
					FM/1 表示检索结果的专利都有扩展同族		
8	0	SFM/	有/无简单同族专利	需选库	SFM/0 表示检索结果的专利没有简单同族	识别专利有/无简单同族专利，固定检索格式	
					SFM/1 表示检索结果的专利都有简单同族		
9	1	FCC/	同族国家数	需选库	FCC/8	表示该篇专利在 8 个国家有同族专利	同族国家数：专利同族国家数目，同一个国家有多篇专利同族，不重复计算国家数

C.10 引证关联字段

序号	等级	检索式	名称	专利库	检索示例	说明	温馨提示
1	1	RCC/	被引国家数	需选库	RCC/8	表示被 8 个国家引用的专利	被引国家数：被多少国家引用的专利，同一个国家有多篇专利，不重复计算国家数
2	1	REFC/	被引用专利数	需选库	REFC/8	表示被 8 篇专利引用	被引用专利数：被多少篇专利引用

序号	等级	检索式	名称	专利库	检索示例	说　明	温馨提示
3	1	RNC/	被 N 个公司专利引用	需选库	RNC/n	被引公司数检索：专利有 n 个公司引用	
					RNC/2-10	被引公司数检索：数值范围的公司引用	
4	1	CNC/	引用 N 个公司	需选库	CNC/n	表示引用 n 个公司的专利	
					CNC/2-4	表示引用数值范围的公司专利	
5	1	REFS/	关联分析检索	需选库	refs/(cn and us)	同时被中国、美国专利引用	被多个元素引用如：国家、公司、分类等,各个元素之间可以逻辑组合
					refs/(华为 and 高通 and not 爱立信)	同时被华为、高通引用,但没有被爱立信引用	
					refs/(h04n and 海尔)	同时被 h04n、海尔引用	
6	1	REF-SB/	关联技术检索（关键词）	需选库	a/cdma and refsb/wcdma	S1 是专利集合,引用 S1 的专利必须含有输入的关键词	s1 代表检索式
7	1	REF-SN/	关联技术检索（分词）	需选库	a/cdma and refsn/wcdma	S1 是专利集合,引用 S1 的专利必须含有输入的词,该词为 Patentics 语义分词	s1 代表检索式
8	1	REF-SNS/	关联地域检索	中国 CN 库	a/cdma and refsns/广东	S1 是专利集合,引用 S1 的专利地域必须输入的地域	s1 代表检索式
9	1	REFS-APD/	关联申请日检索	需选库	a/cdma and refsapd/2010	S1 是专利集合,引用 S1 的专利的申请日必须输入的日期	s1 代表检索式
10	1	G/CITES	专利引用分析检索	需选库	S1 AND G/CITES(S1 是检索式)	上述检索式结果含义：S1 源专利按照引用篇数由多至少排序输出,没有引用不输出	
11	1	G/CITED	专利引用分析检索	需选库	S1 AND G/CITED(S1 是检索式)	上述检索式结果含义：S1 源专利集合引用目标专利集合,并按被引用数量由多到少排序	

续表

序号	等级	检索式	名称	专利库	检 索 示 例	说 明	温馨提示
12	1	CITE-REL/	引用相关性分析检索	需选库	S1 and CITEREL/X 找出 S1 专利集合引用的 X 类对比文献	找出不同相关性类型的引用文献,支持以下四种类型:X:单篇影响专利新颖性或创造性的文件,Y:与另外的 Y 类文件结合而影响专利创造性的文件,R:任何单位或个人在申请日向专利局提交的、属于同样的发明创造的专利或专利申请文件,E:申请日在先,公开日在后,影响专利新颖性的抵触申请	
13	1	CITE-BY/	引用来源分析检索	需选库	S1 and CITEBY/applicant 找出申请人给出的 S1 专利集合的引用文献 S1 and CITEBY/examiner 找出审查员给出的 S1 专利集合的引用文献 S1 and CITEBY/third party 找出第三方给出的 S1 专利集合的引用文献	找出不同来源的引用文献,支持以下三种类型:applicant(申请人)、examiner(审查员)、third party(第三方)	
14	1	G/REFS	专利被引用分析检索	需选库	S1 AND G/REFS(S1 是检索式)	上述检索式结果含义:引用 S1 源专利的专利集合,并按引用数量由多到少排序	
15	1	RTY-PE/	被引用类型检索	需选库	S1 and RTYPE/X	找出 S1 专利集合中作为 X 类型被引证的专利文献	
16	1	REF-REL/	被引用相关性分析检索	需选库	S1 and REFREL/X	S 找出以 S1 中专利作为 X 类型对比文件的专利文献,支持以下四种类型:X:单篇影响专利新颖性或创造性的文件,Y:与另外的 Y 类文件结合而影响专利创造性的文件,R:任何单位或个人在申请日向专利局提交的、属于同样的发明创造的专利或专利申请文件,E:申请日在先,公开日在后,影响专利新颖性的抵触申请	

续表

序号	等级	检索式	名称	专利库	检 索 示 例	说　明	温馨提示
17	1	REF-BY/	被引用来源分析检索	需选库	S1 and REFBY/applicant 找出申请人检索报告中引用了 S1 中专利的专利文献 S1 and REFBY/examiner 找出审查员检索报告中引用了 S1 中专利的专利文献 S1 and REFBY/third party 找出第三方检索报告中引用了 S1 中专利的专利文献	找出不同来源的被引用文献,支持以下三种类型:applicant(申请人),examiner(审查员),third party(第三方)	
18	1	G/REFD	专利被引用分析检索	需选库	S1 AND G/REFD (S1 是检索式)	上述检索式结果含义:S1 源专利集合按照被引用次数由多至少排序输出,没有被引用的不输出	
19	1	G/REF	专利族被引用分析检索	需选库	S1 AND G/REF (S1 是检索式)	上述检索式结果含义:S1 源专利集合按照族被引用次数由多至少排序输出,没有被引用的不输出	
20	1	G/REFI	专利被引用影响因子分析检索	需选库	S1 AND G/REFI (S1 是检索式)	上述检索式结果含义:S1 源专利集合按照被引用影响因子由多至少排序输出,没有被引用的不输出	
21	1	G/REFE	专利被自引用分析检索	需选库	S1 AND G/REFE (S1 是检索式)	上述检索式结果含义:S1 源专利集合按照被自引用由多至少排序输出,没有被引用的不输出	
22	1	G/REFL	去除被自引用后被引用次数	需选库	S1 AND G/REFL (S1 是检索式)	上述检索式结果含义:S1 源专利集合按照去除被自引用后被引用次数由多至少排序输出,没有被引用的不输出	

C.11 过滤与排序字段

序号	等级	检索式	名称	专利库	检 索 示 例	说 明	温 馨 提 示
1	0	DI/	公开日过滤		DI/yyyymmdd 或 DI/＋yyyymmdd	公开日过滤字段(精确到日),该字段为一专利号或(时间),取检索结果中公开日在该专利申请日(时间)之前或之后;DI/为之前;DI/＋为之后	
					DI/专利号 或 DI/＋专利号		
2	0	DA/	申请日过滤		DA/yyyymmdd 或 DA/＋yyyymmdd	申请日过滤字段(精确到日),该字段为一专利号或(时间),取检索结果中申请日在该专利申请日(时间)之前或之后;DA/为之前;DA/＋为之后	
					DA/专利号 或 DA/＋专利号		
3	0	NA/	专利类型	仅中国发明实用库	NA/1 发明 NA/2 实用新型	对中国申请库定义	
4	1	REL/	相关度过滤		S1 AND REL/n n 为 1～100 值(S1 是检索式)	相关度过滤字段,保留S1 检索结果相关度大于N%,当使用 G/××× 检索时,rel/为引用/被引用/同族个数过滤	
					如 G/REFD AND REL/50,表示仅显示被引用 50 次以上专利		
5	0	O/APD	申请日排序		S1 and O/APD(S1 是检索式)	申请日排序字段,S1 检索结果依据申请日升序排序	
6	0	O/PAT	保留授权版本去除申请版本		S1 and O/PAT (S1 是检索式):保留授权版本,去除申请版本	选择多个数据库,当检索结果中的一篇专利同时有申请和授权两个版本时,去除申请版,仅对申请、授权重复的专利过滤,并非去除所有申请	
7	0	O/APP	保留申请版本去除授权版本		S1 and O/APP (S1 是检索式):保留申请版本,去除授权版本	选择多个数据库,当检索结果中的一篇专利同时有申请和授权两个版本时,去除授权版,仅对申请、授权重复的专利过滤,并非去除所有授权	
8	0	O/FAM	扩展同族数排序		S1 and O/FAM (S1 是检索式)	检索结果按照扩展同族数由多到少排序	

续表

序号	等级	检索式	名称	专利库	检索示例	说明	温馨提示
9	0	O/SFAM	简单同族数排序		S1 and O/SFAM（S1 是检索式）	检索结果按照简单同族数由多到少排序	
10	0	O/MFAM	扩展同族过滤		S1 and O/MFAM	对 S1 进行扩展同族过滤，互为扩展同族专利，只显示第一个，剔除其余	
11	0	O/MSFAM	简单同族过滤		S1 and O/MSFAM	对 S1 进行简单同族过滤，互为简单同族专利，只显示第一个，剔除其余	
12	0	O/KC	版本过滤		S1 and O/KC（S1 是检索式）	适用于摘要，当检索结果的专利有多个版本时，如 A1、B1 等，保留一个版本	

C.12 金融字段

序号	等级	检索式	名称	专利库	检索示例	说明	温馨提示
1	4	GPDM/	股票代码	中国CN库	gpdm/000651	用股票代码检索该上市公司的专利	仅限在中国交易所上市企业（我国香港地区除外）
2	4	GPJC/	股票简称	中国CN库	gpjc/格力电器	用股票简称检索该上市公司的专利	仅限在中国交易所上市企业（我国香港地区除外）
3	4	SSSJ/	上市时间	中国CN库	sssj/2018 sssj/201801 sssj/2017-2018	在某个时间或时间段上市的上市公司专利	不包含外观
4	4	ZQLX/	证券类型	中国CN库	ZQLX/A 股 ZQLX/B 股	检索证券类型的上市公司专利	不包含外观
5	4	JYS/	交易所	中国CN库	JYS/上海证券交易所	检索证券交易所上市公司专利	不包含外观
6	4	SCBK/	市场板块	中国CN库	SCBK/主板 SCBK/创业板	检索市场板块所有上市公司专利	不包含外观
7	4	SF/	省份	中国CN库	SF/河北	检索某省份所有上市公司专利	不包含外观

序号	等级	检索式	名称	专利库	检索示例	说　明	温馨提示
8	4	CS/	城市	中国CN库	CS/杭州	检索某城市所有上市公司专利	不包含外观
9	4	ZJHHY1/	证监会行业1	中国CN库	ZJHHY1/金融业	按证监会行业一级分类检索某行业所有上市公司专利	不包含外观
					ZJHHY1/制造业		
10	4	ZJHHY2/	证监会行业2	中国CN库	ZJHHY2/货币金融服务	按证监会行业二级行业分类检索某行业所有上市公司专利	不包含外观
					ZJHHY2/医药制造业		
11	4	SWHY1/	申万行业1	中国CN库	SWHY1/电子	申万行业一级行业分类	不包含外观
12	4	SWHY2/	申万行业2	中国CN库	SWHY2/半导体	申万行业二级行业分类	不包含外观
13	4	SWHY3/	申万行业3	中国CN库	SWHY3/集成电路	申万行业三级行业分类	不包含外观

C.13　战略性新兴产业字段

序号	等级	检索式	名称	专利库	检索示例	说　明	温馨提示
1	1	ZL/	战新分类	中国CN库	zl/1	新一代信息技术产业	战略性新兴产业分类与国际专利分类参照关系表（2021）（试行）
					zl/1-1	下一代信息网络产业	
					zl/1-2	电子核心产业	
					zl/1-3	新兴软件和新型信息技术服务	
					zl/1-4	互联网与云计算、大数据服务	
					zl/1-5	人工智能	
					zl/2	高端装备制造产业	
					zl/2-1	智能制造装备产业	
					zl/2-2	航空装备产业	
					zl/2-3	卫星及应用产业	
					zl/2-4	轨道交通装备产业	
					zl/2-5	海洋工程装备产业	
					zl/3	新材料产业	
					zl/3-1	先进钢铁材料	
					zl/3-2	先进有色金属材料	
					zl/3-3	先进石化化工新材料	
					zl/3-4	先进无机非金属材料	
					zl/3-5	高性能纤维及制品和复合材料	

续表

序号	等级	检索式	名称	专利库	检索示例	说　明	温 馨 提 示
					zl/3-6	前沿新材料	
					zl/3-7	新材料相关服务	
					zl/4	生物产业	
					zl/4-1	生物医药产业	
					zl/4-2	生物医学工程产业	
					zl/4-3	生物农业及相关产业	
					zl/4-4	生物质能产业	
					zl/4-5	其他生物业	
					zl/5	新能源汽车产业	
					zl/5-1	新能源汽车整车制造	
					zl/5-2	新能源汽车装置、配件制造	
					zl/5-3	新能源汽车相关设施制造	
					zl/5-4	新能源汽车相关服务	
					zl/6	新能源产业	
1	1	ZL/	战新分类	中国CN库	zl/6-1	核电产业	战略性新兴产业分类与国际专利分类参照关系表（2021）（试行）
					zl/6-2	风能产业	
					zl/6-3	太阳能产业	
					zl/6-4	生物质能及其他新能源产业	
					zl/6-5	智能电网产业	
					zl/7	节能环保产业	
					zl/7-1	高效节能产业	
					zl/7-2	先进环保产业	
					zl/7-3	资源循环利用产业	
					zl/8	数字创意产业	
					zl/8-1	数字创意技术设备制造	
					zl/8-2	数字文化创意活动	
					zl/8-3	设计服务	
					zl/8-4	数字创意与融合服务	
					zl/9	相关服务业	
					zl/9-1	新技术与创新创业服务	
					zl/9-2	其他相关服务	